LE SCHISME BRETON

PAR

F. DUINE

> Gildas ait : Brittones toto mundo contrarii (*Hibern.*, lib. 52, cap. 6).

OBERTHUR, RENNES

—

1915

LE SCHISME BRETON

PAR

F. DUINE

Gildas ait : Brittones toto mundo contrarii (*Hibern.*, lib. 52, cap. 6).

OBERTHUR, RENNES

—

1915

Extrait des Annal. de Bret. N° de Nov. 1915.

A MES AMIS

Le R. P. dom Louis GOUGAUD

SERGENT SUR LE FRONT

PRISONNIER DE GUERRE

et

M. André OHEIX

SERGENT SUR LE FRONT

DÉCORÉ DE LA CROIX DE GUERRE

Sanctus vir intrepidus... suadebat illis fortiter se defendere et pro amore patriae, si ita res exigeret, dulces animas, ut milites, in morte disponere. At illi leto animo se facturos pollicebantur... (*Miracles de s. Magloire*, n. 5).

LE SCHISME BRETON

L'Eglise de Dol au milieu du IXe siècle d'après les sources

NOTES D'HAGIOGRAPHIE

Sommaire. — § I. L'évêque Haëlrit et une charte de 842. — § II. L'évêque Salocon et les textes authentiques. — La *Chronique de Nantes* et son système des anciens évêchés-civitates et des nouveaux évêchés-monasteria. — Cas de l'évêché d'Alet. — § III. Le prélat inconnu et le coup d'état ecclésiastique de 849. — Tableau des rapports de la métropole de Tours avec la Bretagne, depuis l'émigration bretonne jusqu'au milieu du IXe siècle. — § IV. L'archevêque Festien. — Négociations pour le pallium. Refus du Pape et surveillance exercée par l'église franque.

Notes hagiographiques. — La *Vita Brioci*. — La *Vita Tutguali*. — Le culte de S. Samson du IXe au Xe siècle. — Les *Gesta sanctorum rotonensium*. — La *Vita Winwaloei*. — Pèlerinages bretons à Rome au IXe siècle. — La *Vita Maglorii*. — La *Vita Turiavi*. — Légende de l'archiépiscopat de S. Samson.

Catalogue épiscopal de Dol, des origines au temps de la *Chronique de Nantes*. — Fin du schisme breton.

Préface.

L'étude de l'Eglise de Dol au milieu du IXe siècle est une des parties les plus intéressantes et les plus controversées de l'histoire de Bretagne. Des érudits, dont le savoir rare et la sagacité critique sont universellement admirés, se sont attachés à l'élucidation de cette période. Profitant de leurs travaux, je vais reprendre l'analyse des documents, pour ceux d'entre mes compatriotes qui ne seraient pas initiés à la question du schisme breton et qui désireraient un compendium de l'affaire métropolitaine. J'espère ajouter quelques observations nouvelles aux investigations de mes devanciers.

§ I. — L'évêque Haëlrit.

Pour commencer, je propose comme évêque de Dol un personnage qui ne figure dans aucune liste épiscopale de Bretagne : il se nomme Haëlrit.

Ce nom, bien breton [1], ne paraît qu'une seule fois dans le cartulaire de Redon [2], parmi les *testes* d'une charte, dont voici le résumé :

« Le prêtre Ricoglin donne à l'abbaye de Redon le petit monastère de Castel-Uwel, placé sur les rives de la Vilaine, » en Avessac. C'est une propriété qu'il possède par héritage » et dont il fait donation entière, — avec cette réserve que » les moines redonnais paieront à SAINT SAMSON, chaque » année, et sans discussion, la rente due par le petit monastère » de Castel-Uwel, et qui a été payée jusqu'ici avec fidélité par » le prêtre Ricoglin comme par ses parents. — Acte passé à » Saint-Sauveur de Redon, la 5e férie, et le 5e jour avant les » ides de février, Susan étant évêque de Vannes, en présence » de Noménoé, prince de la Bretagne entière, et devant beaucoup d'autres nobles bretons. — *Testes* : Ricoglin, prêtre ; » Noménoé, prince de Bretagne ; Haëlrit, évêque ; Erispoé (etc.) ».

Deux évêques figurent dans cette charte. — SUSAN, d'abord. Il n'est pas *testis* ; mais sa nomination aux indices chronologiques est régulière, parce que l'acte se passe dans son diocèse, et qu'il s'y agit d'un *monasteriolum* à nom breton [3], considéré comme tout voisin de Redon et en territoire du diocèse vannetais. — Ce Susan paraît comme évêque depuis le 16 avril 838. Son successeur, Courantgen, commence à paraître dès le 14 mai 850 [4]. Dans l'espace de ces *termini*, la

(1) LOTH. *Chrest. bret.*, 1890, p. 134, 161.
(2) Charte 97 (édit. Aurélien de Courson, p. 73-74).
(3) LOTH, *Chrest. bret.*, p. 114, 236.
(4) DUCHESNE, *F. E.*, II, 1900, p. 375.

mention du jeudi 9 février, qui date l'acte, nous offre à choisir les années 842 et 848.

HAËLRIT, en second lieu. Il figure comme *testis*, et en premier rang après Noménoé. On n'indique pas son siège. — Ce genre de silence est fréquent dans le cartulaire. Le siège de Winhaelhoc n'est pas marqué une seule fois, bien que l'évêque soit nommé trois fois ; cependant Mgr Duchesne n'hésite pas à le mettre dans le catalogue épiscopal de Vannes (1), parce que les chartes où figure Winhaelhoc désignent, comme atteints par les donations, des lieux du vannetais. Iarnwalt, évêque, ne paraît qu'une seule fois et sans désignation de siège; néanmoins le même savant le classe dans la série épiscopale d'Alet (2), parce que c'est dans le ressort de ce siège que l'acte se passe (à Guer). — Or, quel est l'évêque qui est intéressé directement par la donation du prêtre Ricoglin ? Un seul, qui est L'ÉVÊQUE DE S. SAMSON, c'est-à-dire, suivant l'usage commun des formules ecclésiastiques, l'évêque de Dol.

Ce point établi, nous préférons pour la charte en question la date du 9 FÉVRIER 842. En effet, le synode des destitutions épiscopales conduit par Noménoé se tint avant le 6 mai 848 (ou, peut-être, 849) (3). Si nous adoptions la présence d'Haëlrit en février 848, nous serions obligé de précipiter les événements : décès de l'évêque et manigances francophiles de son successeur. Celui-ci se nomme Salocon.

§ II. — L'évêque Salocon (4).

Voici les documents que nous possédons sur cet évêque de Dol dont la vie fut agitée :

(1) *F. E.*, II, 374. — Chartes de Redon 146, 151, 212.
(2) *F. E.*, II, 380. — Charte 179.
(3) Susan de Vannes est cité comme *episcopus dejectus* dans la charte 113, qui est du 6 mai (sans indication de l'année).
(4) Il est préférable d'adopter la forme (*Saloco* ou *Salocon*) en usage à l'abbaye de Flavigny, qui savait à coup sûr le véritable nom de notre prélat. Les Pères du Concile prennent tout naturellement la forme *Salaco*, qui leur était familière. Car, dans le monde ecclésiastique ou laïque du IXe siècle, l'Empire Franc avait des *Salacho* en quantité (Consulter, entre autres preuves, PIPER, *Libri confraternitatum*, 1884 [table].)

a) Concile de Soissons. Août 866. — Ce concile déclare que *Salacon* vit encore et qu'il a eu déjà deux successeurs sur son siège de *Dol*. (Voir un peu plus loin, p. 453).

b) Translation de Sainte Reine. — Cette translation eut lieu vers la fin de mars 864, et le récit de la translation fut écrit peu d'années après (1). — Egilon, abbé de Prum, étant devenu abbé de Flavigny, résolut de retrouver les restes de Sainte Reine d'Alise, vierge et martyre, et de les transporter solennellement dans l'abbaye de Flavigny, qui était dans le diocèse d'Autun. Il se munit de l'autorisation royale et de l'autorisation épiscopale. Après avoir fait jeûner les moines pendant trois jours, Egilon se mit en route le 21 mars 864, accompagné de Salocon, évêque, qui remplaçait Jonas, prélat d'Autun (2). Le lendemain (22 mars), l'abbé, vêtu des ornements sacrés, et l'évêque Salocon, qui remplaçait le prélat Jonas (3), ouvrirent le sépulcre de la sainte.

c) Charte de 864. — Cette charte fait mention de la translation de la sainte et nomme Salocon, coévêque du siège épiscopal de Jonas (4). — Mais cette charte est suspecte.

d) Nécrologe de Flavigny. — Le 4 juillet, mourut Saloco, évêque de Dol, moine de Flavigny (5).

e) Chronique de Hugues de Flavigny. — L'auteur de cette chronique est un bénédictin qui devint abbé de Flavigny vers 1097. La première année de la translation de Sainte Reine, dit-il, mourut Saloco, évêque de Dol, moine de Flavigny, dont le corps, au bout de deux cents ans, fut trouvé intact (6).

Hugues s'est trompé sur l'année du décès, en le plaçant

(1) *M. G. H.* (in-fol.), t. XV, Pars II, p. 449 et sq.

(2) *assumpto secum Salocone episcopo qui vices Ionae agebat* (p. 450, n° 3).

(3) *abbas sacris indutus et Saloco episcopus qui vicem Ionae praesulis ipso iubente susceperat* (p. 450, n° 4).

(4) *una cum Salocone Ionae Heduensis praesulis cathedrae coepiscopo* (p. 450, note 2).

(5) *M. G. H.* (in-fol.), t. VIII, p. 286. Necrolog. Flaviniac. — 4. Non. Iulii. *Salocho episcopus Dolensis, monachus Flaviniacensis obiit.*

(6) *Eod. loc.*, VIII, p. 355. *Anno translationis sanctae Reginae primo obiit Salocho Dolensis episcopus Flaviniacensis monachus, cuius corpus post 200 annos incorruptum repertum est* (Hugonis chronicon, lib. I).

en 864. Salocon n'était pas mort en août 866, puisque les Pères du Concile le déclarent vivant encore. Or, parmi eux, se trouvaient le nouvel évêque d'Autun, Liudo [1], et l'archevêque de Sens, Egilon [2], qui sortait de Flavigny, dont il avait été abbé. Ces deux personnages pouvaient être informés sur le compte de Salocon. Du moins, le souvenir de celui-ci, comme nous le voyons par le récit de Hugues, était assez vif à Flavigny jusque dans la seconde moitié du XIe siècle.

Jonas d'Autun mourut vers la seconde moitié de 865 (ou la première moitié de 866), et Egilon de Flavigny passa sur le siège de Sens dans le même temps. Il est possible que ces événements aient amené Salocon à « mourir au monde » et à se retirer complètement dans la vie monastique (qu'il avait sans doute pratiquée à l'abbaye-évêché de Dol), ce qui nous expliquerait la qualité de moine que lui attribue le nécrologe du monastère bourguignon. Quoi qu'il en soit, les documents les plus dignes de confiance s'accordent sur le titre véritable du personnage : Salocon est évêque de Dol. — Reste à examiner les dires d'une dernière pièce.

f) Chronique de Nantes. — Elle est l'œuvre d'un chanoine de Nantes, qui écrivait entre 1050 et 1059, et qui était un partisan zélé de la métropole de Tours [3]. La chronique a inspiré un abrégé tourangeau, connu sous le nom d'*Indiculus de episcoporum Brittonum depositione* ; mais nous ne dirons rien de ce dernier pamphlet, qui manque de valeur et d'originalité [4]. Quant à la chronique elle-même, pour les faits qui nous intéressent ici, elle ne connaît aucun document qui nous soit échappé, et, par esprit de polémique, s'abandonne à un système qui dénature la vérité [5]. Le *Chronicon Namnetense* raconte [6] que Noménoé fit réunir un synode au monastère

(1) Duchesne, *F. E.*, II, 182.
(2) *Eod. loc.*, II, 418.
(3) Merlet, *La chronique de Nantes*, 1896; p. xxxix.
(4) Consulter Lot, *Mél.*, p. 92 et sq.
(5) Voir les observations de Merlet, *loc. cit.*, p. li et sq., et de Lot, *loc. cit.*, p. 58 et sq.
(6) Merlet, *loc. cit.*, p. 38 et 39. — Le synode ne se tint pas à Redon, mais à Coëtlou, résidence qui se trouvait probablement entre Redon et Vannes.

de Redon, que de faux témoins s'élevèrent contre les évêques Susan, de Vannes, Félix, de Quimper, Salocon, d'Alet (1), et Libéral, de Léon, qui avaient été établis par la royauté franque (*potestate Francorum regia*). Effrayés, les prélats avouèrent tout ce qu'on voulut et s'enfuirent auprès du roi Charles. Noménoé en mit d'autres à leurs places. Mais il diminua l'étendue des diocèses, afin de transformer en nouveaux évêchés les monastères de Saint-Brieuc, de Saint-Tudual et de Dol; et dans ce dernier monastère qui dépendait jusqu'alors du diocèse d'Alet, il installa un archevêque. Après quoi, convoquant tout son personnel épiscopal, il n'eut pas honte de se faire oindre roi dans l'abbaye de Dol.

Qu'on note bien le point de vue du chanoine nantais. Il écrit à un moment où la question de la métropole bretonne est débattue de nouveau et il veut étaler sous les yeux le scandale laïque et le tohu-bohu ecclésiastique qui sont à la base même des prétentions doloises. Or, comme on disait encore de son temps les monastères de Saint-Samson (Dol) (2), de Saint-Tudual (Tréguier) (3), de Saint-Brieuc (4), il en conclut que cette locution est le vestige d'un état de choses antérieur au coup d'état ecclésiastique de 848-849-850, et que donc il n'y avait pas d'évêque à Dol avant le triomphe de Noménoé sur l'Empire

(1) *Saloconem Dialetensem.* — Cacographie pour *Aletensem*. Cf. Lot, *Mél.*, p. 475.

(2) Duine, *Hist. de Dol*, p. 15, note 6; p. 244, note 4.

(3) Pour Tréguier, voir les trois légendes de *S. Tudual*, éditées par La Borderie (1887), et la légende de *S. Cunwal*, éditée par M. André Oheix (1911).

(4) Voir la vie de *S. Brieuc* éditée par dom Plaine (1883). Cette pièce suggère peu de confiance. Elle s'inspire de la *Vita Martini* et de la *Vita Samsonis*, elle contient aussi des traits qu'on rencontre dans la *Vita Turiavi* (Plaine, n° 52, et *Vita Turiavi* de Clermont, n° 9, avec *Vita Turiavi* de Paris, n° 4) et dans d'autres hagiographies. Elle envoie le saint étudier à Paris, comme on aurait pu le faire au XIe siècle. Elle confond Germain d'Auxerre et Germain de Paris, fait de Patrice et d'Iltut deux maîtres contemporains. Sans doute, elle se tait sur la translation des reliques : cela prouve, une fois de plus, que ce genre de silence est insuffisant, à lui seul, pour fournir une date en hagiographie. Au reste, la formule *ad ipsius tumulum facta miracula* ne suppose pas que le *tumulus* soit plein. C'est déjà beau s'il contient quelques reliques, comme on pouvait en avoir après le retour d'exil et le rétablissement du culte.

Franc. Conséquence : l'abbaye de Dol relevait d'Alet, siège épiscopal tout voisin, et Salocon ne peut être dit évêque de Dol qu'autant qu'il était évêque d'Alet. Le chanoine se sentit fortifié dans son système par la *Notitia provinciarum et civitatum Galliæ*. Ce document, qui date de l'an 400 environ, est un tableau de la Gaule administrative des derniers temps de l'Empire Romain. Or, de bonne heure, on a considéré la *Notitia Galliæ* comme une pièce qui s'appliquait à l'organisation épiscopale. Au milieu du IXe siècle, l'église franque utilisait la *Notitia* dans ses polémiques. Rome ne montra pas d'abord la même confiance dans cette pièce, qui ne lui paraissait pas être d'origine pontificale [1]. Mais le temps donne aux erreurs historiques une patine auguste. Et, en 1049, Léon IX fait allusion à la *Notitia*, quand il dit aux princes de Bretagne qu'il voit bien dans les vieux écrits (*in scriptis veterum*) que Tours est leur métropole et que Dol n'était pas même un chef-lieu de cité (*sine sede civitatis*) [2]. Cet argument avait été suggéré sans doute par les clercs de Tours, et le chanoine nantais est entré dans le même ordre de raisonnement. M. René Merlet a très bien vu que son auteur s'inspirait de la *Notitia*. En effet, le chroniqueur du XIe siècle, non seulement

(1) Lesne, *La Hiérarchie épiscopale, 742-882*, Lille et Paris, 1905 ; p. 4, 69, 89.

(2) Morice, *Preuves*, I, col. 396. Dol sentit l'ennui de cette objection et voulut y répondre. Mais cette réponse fut trop tardive et trop médiocre. Nos clercs affirmèrent que Dol était la capitale de la *civitas Diablintum* et qu'on reconnaissait encore le chef lieu de cette civitas · *Carifes* ou *Carofes* dans le nom de *Carfantin*, village près Dol. Avec cette donnée première, on fit tous les développements qu'on jugeait utiles. Voir la *Notitia Galliae* dans l'édition de Mommsen (M. G. H., *Auct. Antiquiss.*, IX, 2, 1892, p. 587). Loth, *L'émigration bretonne*, 1883, p. 61 et sq. ; Duine, *Hist. de Dol*, 1911, p. 221. Cependant, depuis le Xe siècle, historiens et poètes donnaient à Dol le titre de cité (cf. Duine, *eod. loc.*, p. 7, 16 ; 30, note 2 ; 262, et note 1). Une anonyme *Vita Machutis* (édition La Borderie, ch. 15 ; édition Lot, ch. 15, *bis*) emploie le mot *civitas* pour désigner Alet, et, une fois, le mot *urbs* pour qualifier Dol. On aurait tort d'argumenter avec ce simple fait. En parlant de Vannes, Grégoire de Tours dit tantôt *urbs* et tantôt *civitas* (*H. F.*, IV, 4; V, 26, 29) ; de même, en 913, le prélat de ce lieu se nomme *episcopus Venetice urbis* (*Cartulaire de Redon*, p. 223), tandis qu'au IXe siècle, on trouve *episcopus in Venetis civitate* ; mais la variété des signatures montre qu'on n'attache pas d'importance spéciale à la qualification de *urbs* ou de *civitas*. C'est au XIe siècle seulement que les clercs bretons méditent sur la *Notitia Provinciarum* et sur la gloire des *civitates*.

affecte une forme archaïque, dérivant du vieux document romain, pour désigner le siège de Saint-Pol-de-Léon, mais encore il ne compte d'évêchés en Bretagne qu'autant qu'il trouvait de chefs-lieux de *civitates* dans la *Notitia Galliæ* (1).

(1) Voir Merlet, *loc. cit.*, p. LIII. Mais, suivant mon opinion, le chanoine a fait une combinaison de la *Notitia provinciarum* et de la *Notitia dignitatum*, qui est un peu postérieure à l'autre (Molinier, *Sources de l'h. de Fr.*, p. 9). Comme on disait *Corisopitum* pour Quimper (nous en avons un exemple dans les *gesta* de Redon, lib. II, cap. 10; édit. Mabillon, p. 212), il a identifié cette ville épiscopale avec la *civitas Coriosopitum* de la *Not. Prov.*, comme l'ont fait beaucoup d'autres érudits, qui ont manifesté un vif attachement pour cette erreur (Consulter Loth, *L'Emigration bretonne*, 1883, p. 48 et sq., p. 56 et sq. Loth, *La civitas Coriosolitum*, in *Annal. de Bret.*, juillet 1893, p. 728 et sq.). D'autre part, il a trouvé une préfecture militaire à Alet dans la *Not. Dign.*, ce qui lui a permis de croire à une *civitas Aletum*, d'autant plus facilement que personne, dès le IXe siècle, au moins, n'employait une façon de parler différente; lire, pour s'en persuader, les chartes de Redon et l'hagiographie malouine du diacre Bili. Aucun texte ne connaît une Lann-Alet sur les bords de la Rance; dans cette question, M. de La Borderie, entraîné par M. Ramé, et M. Lot, entraîné par M. de La Borderie, se sont trompés (Consulter les *Annal. de Bret.*, avril 1913, p. 351, note 1). Il est vrai que, dans un diplôme de Louis Le Pieux, Hélogar est qualifié *episcopus Alctensis et abbas Sancti Mevenni* (Morice, *Preuves*, I, col. 225). Mais, être évêque d'Alet et abbé de S. Méen, cela ne signifie pas être abbé-évêque à la mode celtique. Au IXe siècle, Jean est évêque de Dol et abbé de la Croix-Saint-Leuffroi (Duchesne, *F. E.*, II, 385); cela ne veut pas dire que Jean est le prélat d'une abbaye-évêché. Erkembodon, mort vers 742, est évêque de Thérouanne et abbé de Sithieu (Van der Essen, *Les vit. des ss. mérov. de l'anc. Belgique*, 1907, p. 424), mais Erkembodon n'est pas à la tête d'une abbaye-évêché. Hélogar, qui, sans doute, était abbé de S. Méen avant d'être nommé évêque d'Alet, a jugé naturel de conserver son ancien titre, parce que les intérêts de son diocèse l'amènent assez souvent en ce lieu; comme Ermor, son successeur, il peut s'intituler *episcopus in Alcta civitate* (*Cartulaire de Redon*, p. 356) ou *episcopus in Poutrecoct* (*Cartul.*, p. 6); or, dans le Poutrécoët, l'abbaye de S. Méen est le *locus* principal et Hélogar peut en faire le centre religieux et administratif de cette grande division de son diocèse. — Que la fondation de Malo ait été du type celtique, nous ne le nions pas, mais nous pensons que l'abbaye-évêché dut participer à la réforme ecclésiastique poursuivie par Charlemagne et ressembler à un diocèse franc. L'Empereur put s'intéresser particulièrement à Alet, qui, grâce à sa position avantageuse, avait remplacé l'ancienne importance de Corseul, chef-lieu des Coriosolites, lequel subsistait toujours, mais en décadence.

On peut découvrir dans l'hagiographie malouine de Bili, qui s'est inspiré d'une notice plus ancienne, quelques vestiges de la vérité historique, rarissimes, et son héros est bien un abbé-évêque et un *episcopus ad praedicandum* (si l'on complète Bili par une autre *Vita Machutis* du IXe siècle, et si l'on s'éclaire par des comparaisons avec quelques saints du VIIe siècle, comme Amand, évêque de Maëstricht, abbé d'Elnone). Cependant, il ne

Ainsi le chanoine de Nantes est un érudit qui ne sait rien des origines bretonnes et des abbayes-évêchés (1), et qui est dominé par l'esprit de système.

Ses affirmations, en ce qui concerne Dol et Salocon, sont nettement démenties par les faits, comme nous l'avons constaté. D'ailleurs, si Dol avait été un évêché nouveau de 848-849-850, les évêques francs et les papes auraient eu beau jeu à répondre aux Bretons : « Votre Dol est si peu une métro-

faut pas se laisser abuser par le terme *monasterium*, qui revient fréquemment dans nos hagiographies épiscopales, antérieures à l'exil en France. Ce mot, sous la plume de Bili, par exemple, peut désigner simplement une église (Voir l'article *monasterium* dans le glossaire de Du Cange). A l'époque carolingienne, la paroisse se substitue en Bretagne au couvent primitif (Cf. Imbart de la Tour, *Les paroisses rurales du IVe au XIe siècle*, 1900, p. 23, 97, 115), et le nombre croissant des paroisses produit déjà des groupements qu'on appelle *doyennés*. A Médréac, en Poutrécoët, nous assistons à une réunion du *decanus* Rihowen, du prêtre de Plumaugat, et de plusieurs autres prêtres (*Cartul.*, charte 190, p. 147. Toutefois, je présente mon *decanus* avec quelques réserves sur le sens exact de ce titre). Encore que le vocable *parroechia*, dans le sens de *paroisse*, ne semble pas antérieur au Xe siècle en Bretagne (*loc. cit.*, chartes 276 et 279, p. 223 et 226), l'organe lui-même n'y est pas nouveau, et, de 816 à 895, nous connaissons une série de curés (pour employer un langage moderne) du plou Guillac, en Poutrécoët (Cf. La Borderie, *H. de B.*, II, p. 247 et sq.). L'Eglise de Bretagne que Bili avait sous les yeux n'était plus guère l'église monastique du VIe siècle. Mais les mots vivent plus longtemps que les choses, et il a fallu les contacts avec l'Eglise Franque pendant la durée de l'exil, pour que le clergé breton du Poutrécoët et de la Domnonée employât d'une manière habituelle les termes en usage dans l'administration ecclésiastique de l'époque carolingienne. Plus de *monachi* dans la lettre doloise de Radbod au roi Athelstan, envoyée de France vers l'année 925, mais l'*archiepiscopus* et ses *clerici*, les *duodecim canonici* et le *praepositus* du chapitre de S. Samson (texte et traduction dans La Borderie, *H. de B.*, II, 367, 513).

(1) Les écrivains bretons du XIe siècle ne comprennent pas beaucoup mieux les origines religieuses de la péninsule. L'auteur de la *IIa Vita Tutguali* lit, dans une notice un peu plus ancienne, que Tudual fut consacré à Paris; mais, comme, au XIe siècle, c'est le métropolitain qui se réserve le sacre des évêques, l'auteur assure que le prélat de Paris était archevêque. Il considère Tudual comme un évêque à la tête d'un diocèse ordinaire et il suppose que cet évêque de Tréguier (au VIe siècle ?) en appelait à Rome ! (édit. La Borderie, no 5). D'autre part, ce même auteur est préoccupé de la *Notitia*, au point de supposer que le siège de Tréguier succède à une *civitas Lexoviensis* (no 5, édit. La Borderie. Voir les observations de ce savant sur *la fable de Lexobie*. Et pour la date de la vita, consulter les articles de Duchesne dans la *Rev. Celtiq.*, X, 1889, p. 253, et dans le *Bullet. Critiq.*, X, 15 juin 1889, p. 226).

pole que ce n'était pas même un siège épiscopal avant votre charivari [1]. » Et Nicolas, éclairé par les adversaires de notre province, n'aurait pas pris la peine de discuter la question de l'envoi du pallium aux prédécesseurs de Festien.

Reste l'affirmation du couronnement de Noménoé à Dol. Par malheur, aucun texte ne vient corroborer le récit du chanoine. Celui-ci a répété en cet endroit ce qu'on racontait de son temps et ce qui paraissait vraisemblable [2]. — Mais faut-il croire, comme M. Lot [3], que l'établissement de la métropole bretonne n'est pas antérieur à l'épiscopat de Festien ? Je ne le pense pas. Le fondateur de l'indépendance bretonne avait besoin d'un archevêque, — d'abord s'il songeait à se faire couronner quelque jour, car l'usage réservait cette cérémonie à un archevêque [4] ; — en second lieu, parce que l'institution métropolitaine était un instrument de règne, qui maintenait la fidélité politique des diocèses, et qu'on jugeait naturel de morceler les provinces ecclésiastiques suivant les divisions politiques des territoires [5] — enfin, on ne voit pas comment un prince, qui a balayé d'un seul coup quatre ou cinq évêques qui le gênent, peut avoir des scrupules pour ériger une métropole, c'est-à-dire un centre intéressé de surveillance pour le maintien du nouvel état de choses.

Quant au choix de Dol, il s'imposait, puisque la cathédrale la plus illustre était celle qui conservait les reliques bretonnes les plus connues. C'est à Dol que les multitudes venaient prier devant le tombeau de saint Samson et obtenir des guérisons merveilleuses [6]. Le bienheureux était honoré jusqu'en pays franc [7] et inscrit dans les martyrologes

(1) Et c'est là une des très rares bonnes remarques qu'ait faites le chanoine Deric, vicaire général et official de Dol, dans son *Hist. de Bret.*, IXe siècle, no 287.

(2) Consulter Lot, *Mél.*, p. 91.

(3) Lot, *loc. cit.*, p. 24 et sq.

(4) Lesne, *loc. cit.*, p. 274.

(5) Lesne, *loc. cit.*, p. 275 et sq. P. 291-293.

(6) Quanti... a suis infirmitatibus sunt liberati. Innumeri enim sunt lectuli et grabati ab aegrotantibus dimissi (*Ia Vita Samsonis*, lib. II, n. 3).

(7) Cujus festivitas apud multos Britannorum Romanorumque ultra citraque mare... clarescit (*Ia Vita Samsonis*, l. II, n. 11).

fameux (1). Sa biographie se lisait depuis plus de deux cents ans, tandis que les autres saints de la province en étaient réduits à des notices sans éclat, et qu'à Saint-Pol-de-Léon, les clercs eux-mêmes ignoraient les vertus de Malo, évêque d'Alet (2) ! Avec les idées de restauration bretonne, qui avaient faveur (3), comment n'aurait-on pas cru que Samson, qui avait été comme le primat de l'ancien royaume de Domnonée, était un archevêque, autant qu'on peut l'être, et que le malheur des temps avait seul effacé l'exercice de la métropole de Bretagne ?

§ III. — **Le prélat inconnu.**

Comment se nommait le successeur immédiat de Salocon, nous l'ignorons. Mais deux actions se rattachent à son épiscopat; nous allons les étudier.

(1) *Annal. de Bret.*, avril 1913, p. 335, 345-348. — En Suisse, au IXe siècle, dans le trésor de Pfeffers, on gardait des reliques de *S. Samson*, avec celles de S. Gall, de S. Patrice, de Ste Brigide. Aucun autre saint celtique de notre province ne recevait le même culte dans cette région lointaine (Piper, *Libri confraternitatum Sancti Galli, Augiensis, Fabariensis*, Berlin, 1884, p. 395 [M. G. H.]). En Angleterre, les Anglo-Saxons honoraient l'illustre saint, et le roi Edward (aux premières années du Xe siècle) s'affilia à la Confrérie de S. Samson : *pater vester Edwardus per litteras se commendavit consortio fraternitatis sancti Samsonis, summi confessoris* (Lettre de Radbod, prévôt du chapitre de Dol, au roi Athelstan. Migne, *P. L.*, t. 132, col. 719 et sq. Texte et traduction dans La Borderie, *H. de B.*, II, 367, 513). Quand le fils du roi Edward mourut, cet Athelstan, qui avait combattu les Gallois et les Bretons du Cornwall (*occidentales Britones qui Cornewaienses vocantur*), on porta devant son corps les reliques des saints celtiques de notre province, qu'il avait payées (*et sanctorum reliquiae de transmarina Britannia emptae*. Willelmi Malmesbiriensis *de gestis regum angl.*, édition Stubbs, t. I, p. 142, 148, 154, 157). Parmi ces reliques pouvaient figurer un bras de S. Samson et sa crosse (*Rev. Celtiq.*, XI, 1890, p. 491).

Radbod, ce lettré, cousin de l'archevêque Lowenan, ce prévot, si soucieux du culte samsonien, ne serait-il pas l'auteur de la *Vita metrica Samsonis*, dans laquelle on fait l'éloge du pasteur Lowenan (*defensor egentum*, etc.), sur le même air qu'on chante dans l'épître le roi Athelstan (*adjutor egentium*, etc.) ? (cf. *Annal. de Bret.*, avril 1913, p. 334).

(2) *Vita Machutis* par Bili, lib. II, cap. 18 (édit. Lot, dans ses *Mél. d'h. b.*, 1907).

(3) Le chanoine de Nantes (Merlet, *loc. cit.*, p. 33) montre Noménoé mettant en avant la *dignitas regni Britanniae*, l'injustice de la domination franque, etc. Rien n'est plus vraisemblable.

a) Synode des destitutions épiscopales

α) Ce synode se tint à la résidence de Coëtlou. — Nous connaissons ce lieu précis grâce à une charte de Redon, qui est datée du 6 mai (1).

β) Ce synode se tint vers le printemps de 849. — Nous savons que les reliques du pape Marcellin, apportées de Rome par Conwoïon, furent introduites solennellement dans l'église de Redon un dimanche de février. C'est une charte qui nous l'apprend, sans nous fournir aucune indication d'année (2). Mais une charte du 18 février 849, celle-là datée à coup sûr (3), mentionne, pour la première fois dans le cartulaire, la présence des reliques de saint Marcellin dans l'abbaye. Il semble difficile de croire qu'on ait attendu une année pour employer la formule glorieuse : *ubi pretiosa corpora sanctorum Marcellini...*, tandis qu'il est naturel de penser qu'on usa de cette formule à la première donation qui suivit la journée solennelle de la translation des reliques, journée qui avait été marquée elle-même par une donation. Les reliques papales stimulaient la générosité des fidèles et on tenait à indiquer cet à-propos. Pour l'année 849 (Pâques tombant le 14 avril), la série des dimanches antérieurs au 18 février donne le 3 février, le 10 et le 17. -- Le voyage à Rome de Conwoïon se rattachant aux premières négociations de Noménoé au sujet de la *contentio episcoporum* (4), il s'en suivrait que les mesures violentes du

(1) illo anno quo synodus facta est in Britannia, in aula que vocatur Coitlouh, contra episcopos... Susanno episcopo dejecto (*Cartulaire de Redon*, charte 113, p. 87). Une autre charte (*eod. loc.*, Appendice, n° 25, p. 362) se passe : *in illo anno quando contentio episcoporum fuit.* — Coëtlou ne devait pas être très loin de Redon (cf. La Borderie, *H. de B.*, II, p. 55).

(2) *Cartulaire de Redon*, charte 115, p. 88.

(3) *Eod. loc.*, charte 59, p. 47.

(4) Ce voyage nous est connu par les *Gesta sanctorum rotonensium*, lib. II, n. 10. D'après Molinier (*Sources de l'h. de Fr.*, 1901, p. 253), ces *gesta* furent composés vers 890, mais Lot (*Mél. d'h. br.*, 1907, p. 11) préfère en placer la rédaction entre 868 et 875. Si précieux que soient les *gesta*, ils nous renseignent d'une manière insuffisante et trompeuse sur la *contentio episcoporum*, soit que le rôle de Conwoion dans cette affaire fût déjà entré dans la légende orale; soit que l'auteur tire à dessein le

prince, postérieures à cet essai d'entente avec Léon IV, seraient elles-mêmes postérieures à la mi-février 849. D'un autre côté, il faut les placer avant le 6 mai, comme nous y oblige la charte 113, que nous avons citée dans l'alinéa précédent. Mais faut-il adopter le 6 mai 849, ou le 6 mai 850 [1] ?

γ) Evêques déposés par le synode de Coëtlou. — La *Chronique de Nantes* nous les nomme [2] : Susan, de Vannes ; Félix, de Quimper ; Salocon, d'Alet ; Libéral, de Léon. Mais la *Chronique* est un monument du XIe siècle, qui interprète dans un esprit systématique les documents que nous connaissons ; aussi ne tenons-nous aucun compte d'elle, sur ce point, pour nous contenter des sources. Et nous pouvons établir le tableau qui suit :

Dol. — Le successeur immédiat de Salocon est un intrus. (Renseignements fournis par les pièces conciliaires).

Vannes. — Le successeur de Susan est un intrus. (Pièces conciliaires).

Quimper. — Le successeur de Félix est un intrus. — Félix nous est connu par les *gesta sanctorum rot.* Il faut le comprendre parmi les *quosdam suae gentis et linguae*, à qui

rideau sur quantité de choses que nous voudrions bien connaître. Au reste, l'hagiographie et la chronique formaient deux genres différents, et le panégyriste de Redon eût commis une faute contre les règles littéraires en cherchant à être pur historien (Sur les *gesta* voir les remarques de DUCHESNE, dans ses *Fastes Episcopaux*, II, 1900, p. 256 et sq., et LEVILLAIN dans ses *Réformes ecclésiastiques de Noménoé*, in *le Moyen-Age*, juillet-août 1902, p. 241 et sq.). L'écrivain des *gesta* est un homme prudent, qui ne compromet pas son abbaye dans l'aventure archiépiscopale. Il ne dit pas un mot en faveur de la province ecclésiastique de Bretagne et il renie Noménoé en disant que ce prince manquait de mesure et de tact (*Zelum Dei habebat sed non secundum scientiam*, formule de blâme empruntée à S. Paul [*Rom.*, X, 2], et souvent employée dans le monde ecclésiastique). Seul, Conwoion est irréprochable, et seul, il a réussi à Rome.

(1) Le raisonnement que je viens de faire sur la date d'entrée des reliques se trouve insinué pour la première fois dans l'ouvrage de MM. LOT et HALPHEN, *Le règne de Charles le Chauve*, 1909, p. 213, note 3. Sur l'adoption de l'année 849, voir encore LOT, *Mél.*, p. 86 et sq. LOBINEAU avait choisi 848 et LA BORDERIE s'est attaché à la même année (*Hist. de Bret.*, II, 1898, p. 55).

(2) MERLET, *Chronique de N.*, p. 38.

Salomon rendit leurs sièges en 866 (d'après le concile de Soissons). — L'intérim avait été fait par l'intrus Anaweten, qu'on voit paraître dans les chartes de Redon jusqu'en 860.

Léon. — Le successeur de Libéral est un intrus. — Ce nom ne nous est connu que par la *Chronique*. Où l'a-t-elle pris ? Ne l'aurait-elle pas adopté un peu au hasard, pour avoir son compte de prélats destitués? En tout cas, le Libéral peut être compris parmi les *quosdam*, qui furent rappelés chez eux par Salomon, en 866. — L'intrus s'appelait *Isaias*, dit-on, et était natif de Landerneau. Par malheur, ce renseignement ne semble pas antérieur au XVIIe siècle ; du moins, nous le devons à Frère Albert Le Grand, de Morlaix. C'est tout dire.

Alet. — Qui était évêque d'Alet en 848-850 ? Il est impossible de le savoir. Lorsque les Pères de Savonnières cherchèrent, en 859, à parlementer avec quelques évêques bretons, qui n'étaient pas chargés du crime d'intrusion, on ne voit pas qu'il aient compris l'évêque d'Alet dans leur épître. Celui-ci s'appelait alors Rethwalatr. Nous le rencontrons en correspondance avec Nicolas Ier ; car c'est bien cet évêque, semble-t-il, comme l'a remarqué Mgr Duchesne (1), qui est le Rivoladr, dont un diocésain, nommé Cumar (ou, d'une manière plus bretonne, Coumarch) (2), avait tué ses trois fils. Rivoladr l'avait envoyé en pèlerinage pénitentiel à Rome. Et le pape fixe le mode d'expiation de cet homicide (3). Nicolas connaissait-il la régularité ou la non-régularité du prélat d'Alet ? Il est difficile de le croire. Les trois noms retentissants du tintamarre breton furent Susan de Vannes, Salocon de Dol, Actard de Nantes ; même les Pères de Soissons écrivant à Nicolas, en 866, ne désignent ni les sièges, ni les noms de quelques prélats bretons qui ont

(1) Duchesne, *F. E.*, II, 1900, p. 380.

(2) Loth, *Chrest. bret.*, p. 121, 150. Peut-être, *Conmarch*, p. 120.

(3) Perels, *Nicolai I papae epistolae* (dans les M. G. H.), 1912, p. 650. Impossible de fixer la date de cette lettre. On peut dire seulement qu'elle n'est pas antérieure à 858, ni postérieure à 866 (puisqu'en cette année-là figure le successeur de Rethwalatr).

souffert, et les appellent simplement *quosdam suae gentis et linguae*. Un intrus, — comme Rethwalatr pouvait l'être, — devait être enchanté d'avoir une occasion d'une orthodoxie édifiante pour écrire au pape et en recevoir une réponse honorable. On est même tenté de croire que Ratuili, successeur de Rethwalatr, successeur qu'on voit paraître en juillet 866, est un des *quosdam*, qui, en cette année-là, furent rétablis sur leurs sièges par Salomon. Et cette particularité nous aiderait à comprendre comment Bili, diacre de Ratuili, composant une nouvelle vie de Saint Malo, reconnaît les droits de Tours, en montrant Malo qui y va demander la consécration épiscopale, et célèbre un évêque franc, qui accueille Malo, exilé par la méchanceté bretonne.

Saint-Brieuc et Tréguier. — Ont à choisir leurs évêques dans les noms de Felix et G+bri, que le concile de 859 ne considère pas comme des noms d'intrus.

En résumé, de sept évêchés bretons, il y eut quatre (ou, peut-être, cinq) évêques déposés, et deux (ou, peut-être, trois) évêques maintenus. C'était faire dans le temple, même pour un prince, un bacchanal assez audacieux [1].

δ) Motif des destitutions. — Les *Gesta* [2] attribuent les ori-

(1) Cependant, le procédé de Noménoé n'était pas inouï. En 579, par exemple, le roi Gontran fit réunir à Chalon un synode pour déposer deux évêques dont il se plaignait (Grégoire de Tours, *H. F.*, V, 27; édition Arndt et Krusch, dans le M. G. H.). On ne voit pas du tout que Gontran se soit préoccupé du métropolitain, et Grégoire ne fait aucune remarque à ce sujet.

(2) Voir les *gesta sanct. rot.*, lib. II, cap. 10 (Edition Mabillon, *Acta Sanct. O. S. B.*, Saeculum IV, pars II, p. 211 et sq.). *Surrexit quaedam haeresis quae appellatur Simoniaca per totam Britanniam... Hujus vero haeresis fautor maxime Susannus... Nam nullus presbyter aut diaconus poterat manus impositionem ab episcopis sine pretio accipere.* Remarquez que cette simonie dans les ordinations est la seule qui touche le rédacteur et sur laquelle il ne tarit pas. Les prélats accusés répondaient : *Nos nec dona, nec munera a presbyteris nostris accipimus : sed honorem congruum ac debitum ab eis accepimus et accipiemus.* Evidemment, Redon attaquait la masse épiscopale, pour bien montrer que le monastère n'obéissait pas à une vengeance personnelle; mais, c'est bien Susan de Vannes que l'on

gines du bouleversement épiscopal au zèle de Conwoïon, qui ne voulait pas de simonie en Bretagne. Or, Susan de Vannes demandait des *eulogies*, ou, comme nous disons aujourd'hui, des *honoraires*, pour faire des ordinations. L'abbé de Redon, qui dépendait de Vannes et qui était contraint d'y envoyer ses moines recevoir les ordres, jugeait naturellement que les tarifs de Susan étaient des péchés d'*hérésie simoniaque*. Peut-être, le prélat de Vannes témoignait-il aussi peu de sympathie pour les dons qui étaient faits au nouveau monastère. — En tout cas, le but des *Gesta* est d'exalter les pieux desseins de Conwoïon, qui veut réformer l'Eglise de Bretagne, et qui fait appel au bras séculier, suivant la coutume. Ce bras s'appelait alors Noménoé, et l'écrivain nous laisse entendre que si, dans les grandes vues du saint, quelque chose ne réussit pas, cela tint purement à l'insigne lourdeur du bras. — Vraiment, la question des *eulogies*, qui avait bien sa valeur morale, on ne dit pas le contraire, ne touchait pas Noménoé, et ce prince chercha purement, dans les gémissements de l'Abbé, quelque chose d'utile à sa politique. Le chanoine de Nantes l'a bien compris. Il ne s'abandonne pas aux arrangements de l'hagiographe. Il nous dit que les évêques de Bretagne, placés sur leurs sièges par l'Autorité Franque, gênaient Noménoé, et que ce prince voulait s'en débarrasser pour avoir des prélats à sa dévotion (1). Voilà qui est très vraisemblable.

b) Concile de 850

Il s'agit du concile tenu à Paris dans l'automne de 849, pensait Hefelé ; il s'agit d'un concile tenu en Anjou, en juillet-

poursuit, et c'est pour ses successeurs qu'on fait la morale dans ce récit : *Susannus... atrocius contradicebat sanctis canonibus.*

Observons, en passant, que, dans son développement oratoire sur ceux qui vendent les colombes, le biographe se souvient un peu de la lettre de Léon IV aux évêques de Bretagne : *turpissimo lucro columbas in templo Domini vendere non pertimescunt* (M. G. H., *Epist. Karol. aevi*, III, p. 593). Les moines redonnais ont dû répéter cette phrase plus d'une fois.

(1) *Chronique de Nantes*, chap. 11 (édition Merlet, p. 33).

août 850, pense dom Leclercq, dernier éditeur de Hefelé [1]. Quelques-uns préfèrent Tours et voudraient faire accepter la date de février 851 [2]. — Cette assemblée écrivit à Noménoé une lettre dont voici l'abrégé :

A Noménoé, prieur du peuple de Bretagne [3]. — Tu pilles, tu violes, tu brûles. Des évêques légitimes ont été chassés des sièges qui leur appartenaient, et, pour employer un euphémisme, des mercenaires ont été introduits à leur place, pour ne pas dire des voleurs et des larrons. Vous avez trahi la province ecclésiastique du bienheureux Martin [4], notre patron, province dont vous ne pouvez nier que vous faites partie ; en un mot vous avez bouleversé les rangs et les règles de l'Eglise : ce qui nous arrache des plaintes trop légitimes [5]. Encore as-tu mis le comble à ta malice en méprisant le vicaire de Pierre, qui a la primauté dans le globe entier. Car, lui ayant demandé de te mettre dans son livre et dans ses prières, il te promit de le faire si tu suivais ses monitions ; or, non seulement tu n'as pas fait ce qu'il t'a dit, mais encore tu n'as

(1) Hefelé, *Hist. des Conciles*, édit. Leclercq, t. IV, 1re partie, p. 162, et t. IV, 2e partie, 1911, p. 1310, 1312. Dom Leclercq suit, sur ce point, Lot et Halphen, *Le règne de Charles le Chauve*, 1909, p. 209, note 2; p. 220.

(2) Cf. R. Merlet, *L'émancipation de l'Eglise de Bretagne*, in *Le Moyen Age*, 1898, p. 21-30.

(3) Texte dans Morice, *Preuves*, I, col. 291. La rédaction de cette pièce était due à la plume de Loup de Ferrières. Elle porte le nº 84 dans les lettres de cet abbé (édition des M. G. H., *Epistol. Karolini aevi*, IV, p. 75). Peut-être, Loup de Ferrières fut-il chargé d'une mission diplomatique et religieuse auprès des églises de Bretagne, car il accompagnait le roi Charles dans son expédition contre les Bretons (*eod. loc.*, nº 85, p. 77). Et l'on nous fait remarquer que la lettre à Noménoé, « sous sa forme nécessairement véhémente, était au fond conciliatrice » (Lot et Halphen, *Règne de Charles le Ch.*, p. 221).

(4) Martin est le grand saint de l'Empire Franc, dont Charlemagne voulut que la fête fut chômée partout. La province de ce saint est donc particulièrement intangible et les Bretons se comportent en sacrilèges. — Comme polémique, c'est choisi; comme histoire, cela ne vaut rien. Martin n'était pas métropolitain, il s'abstenait de se rendre aux synodes et n'eut jamais à en convoquer (Babut, *S. Martin*, p. 200, note 2).

(5) Episcopi legitimi sedibus propriis expulsi, et, ut mitius loquamur, quia dicere nolumus fures et latrones, mercenarii introducti. Patroni nostri B. Martini quondam dioecesis, ex qua vos esse negare non potestis, violata; omnes postremo ecclesiastici ordines perturbati, quod nimis dolendo et compatiendo dicimus.

pas voulu recevoir sa réponse (1). Tu blesses les saints apôtres, tu blesses les saints évêques, tu nous blesses, nous chargés d'un office divin. Et de quelle façon te comportes-tu à l'égard du roi des Francs ? Il te faudra répondre au jugement de Dieu, et bientôt. Tu es vieux. Fais donc pénitence. Ou bien, tu iras en enfer.

Dans cette épître synodale à Noménoé, le passage qui a trait à la sécession ecclésiastique de Bretagne mérite d'être éclairé.

L'église bretonne relevait de la métropole tourangelle, théoriquement ; elle était indépendante, pratiquement. Cet état de choses, qui durait depuis plus de trois cents ans, n'aurait pas provoqué de heurts graves et subits, si la crise ecclésiastique du milieu du IXe siècle ne s'était pas compliquée et affûtée d'une crise politique, en sorte que l'église de Tours fut amenée à faire passer la théorie dans la pratique et que l'église de Bretagne se sentit obligée de transformer sa situation de fait en situation de droit.

Dans les premiers temps de l'émigration bretonne en Domnonée (côte nord de la péninsule), l'évêque métropolitain, dont l'attention avait sans doute été attirée par l'évêque de Rennes, qui, lui-même, avait été mis en éveil par les rapports d'un prêtre, intervint dans la discipline ecclésiastique des nouveaux venus, et sous une forme assez caractéristique : vers 515-520, Licinius de Tours adresse des observations sévères à deux prêtres bretons. La lettre est envoyée aussi au nom de Melanius de Rennes, qui paraît bien avoir été le prélat directement intéressé à la remontrance, et au nom d'Eustochius d'Angers, dont le nom était celui d'un voisin, et donnait plus de solennité au document (2). Ainsi la province affirme sa

(1) Cette lettre de Léon IV à Noménoé est perdue. Elle était sans doute postérieure au synode des destitutions épiscopales, devait blâmer ce synode et réclamer des réparations. C'était l'échec définitif des négociations de Noménoé pour donner une couverture juridique à son œuvre politique.

(2) La Borderie, *H. de B.*, I, p. 370; II, p. 526.

juridiction, parle et commande aux prêtres bretons, ignore donc une hiérarchie bretonne (1).

En 567, la métropole de Tours regarde de nouveau vers la Bretagne, mais plutôt au sud. Le canon 9 du concile de cette année-là défend d'ordonner évêque en Armorique un Breton ou un Romain sans le consentement du métropolitain ou des comprovinciaux (2). Or, Félix de Nantes et Victurius de Rennes étaient présents à la réunion et l'on peut supposer que c'est sur leurs observations, et peut-être à l'adresse de l'un d'eux, que le neuvième canon fut établi. Il ne devait pas toucher au même degré, semble-t-il, les autres évêques du synode, qui étaient d'Angers, du Mans, de Séez, de Chartres, et de Paris. On peut croire que l'assemblée songe à ce qui se passe à Vannes, où les Bretons cherchent à être les maîtres. Or, Macliaw, prince breton, qui avait été ordonné par Felix de Nantes, avait trompé les espérances que ce prélat avait pu concevoir, et les évêques (probablement ceux de Tours, Nantes et Rennes) s'étaient vus réduits à excommunier ce collègue qui avait laissé croître ses cheveux et repris sa femme (3). Son successeur, Eunius, pour être gallo-romain, n'en valait pas beaucoup mieux (4). Peut-être, dès 567, inspirait-il des inquiétudes (5). Malheureusement, Grégoire de Tours qui s'intéresse au Nantais surtout, au Vannetais et au Rennais, et qui tient à ce que la soumission des Bretons au roi de Paris soit hors de

(1) Soit dit à cette occasion, la lettre *Viri venerabilis Sparati* (elle commence par ces mots) est défavorable à ceux qui croient à l'existence d'un évêché d'Alet gallo-romain. S'il y avait eu un évêque d'Alet, même au commencement du VIe siècle, il semble que son nom aurait figuré tout naturellement après celui de Licinius et à côté du nom de Melanius. Cet évêque d'Alet, en effet, se serait montré soucieux de se faire connaître aux prêtres émigrés. D'ailleurs, d'autres observations qu'on a faites à propos de Fortunat ne favorisent pas l'idée d'un évêché d'Alet antérieur à la fondation bretonne de Malo (Duine, *Saints de Domnonée*, p. 58).

(2) Maassen, *Concilia aevi merov.* (M. G. H.), p. 124.

(3) Grégoire de Tours, *H. F.*, IV, 4.

(4) Grégoire de Tours, *H. F.*, V, 26, 29, 40.

(5) Toutefois, nous ne le rencontrons pas avant l'année 578. — En tout cas, s'il faut placer un évêque entre Macliaw et Eunius, cet inconnu s'abstient d'aller à la réunion de 567.

discussion (1), ne nous apprend rien de l'histoire religieuse de la péninsule celtique. La Cornouaille (2) et la Domnonée (3) sont

(1) *Nam semper Brittani sub Francorum potestatem post obitum regis Chlodovechi fuerunt, et comites, non reges appellati sunt* (*H. F.*, IV, 4). Le chanoine nantais introduit la même idée dans la première réponse [perdue] de Léon IV à Noménoé : *Cui papa respondit nunquam se audivisse... hanc Minorem Britanniam reges habuisse... praesertim ex quo tempore Francia primum reges habuit, illa semper Britannia usque nunc illi subdita fuit* (Merlet, *Chroniq. de Nantes*, 1896, p. 35).

(2) La *vita Winwaloei*, composée quelques années avant 884 par Wrdisten, abbé de Landevenec, est la pièce la plus importante que nous possédions sur l'histoire religieuse de la *Cornugallia* ou *Cornubia*. Dans ses *Mélanges d'histoire de Cornouaille* (Paris, 1911), M. Latouche a présenté une vita qu'il juge écrite par Clément, moine littéraire de Landevenec, qui versifiait au temps du roi Salomon, vita qui aurait été utilisée ensuite par Wrdisten. Le critique s'est trompé sur ce point. De sa composition si copieuse, Wrdisten lui-même a tiré de nouvelles éditions, plus courtes, plus populaires ou plus appropriées à la circulation (cf. Bollandistes, *Biblioth. hagio. lat.*, p. 1292-3; Fawtier, *Une rédaction inédite de la v. de s. Guénole*, 1912). Or, le texte de M. Latouche est exactement celui de la grande pièce, dégarnie de ses compléments en vers et de ses développements ascétiques. Une preuve, entre autres, est caractéristique. L'ouvrage de Wrdisten comprend une partie parénétique mêlée à la partie narrative. Dans la première, l'abbé fait des allocutions, des considérations et des méditations, où il s'inspire de ses lectures pieuses; dans la seconde, il s'évertue et fait du style, et un style facile à reconnaître, rempli de virgilianismes (Duine, *Saints de Domnonée*, p. 55). Eh bien ! le texte Latouche est entièrement de ce style; si maintenant on compare ce texte à un chapitre parénétique, spécial à l'œuvre de Wrdisten, le chapitre VI du livre II, on constate l'identité d'une même plume (faire l'étude de ce curieux passage avec Virgile, *Géorgiques*, IV, vers 1-218). On ne pourrait m'objecter, par exemple, que le texte Latouche contient le mot *oga* (p. 102), tandis que la grande pièce emploie le mot *anser* (lib. I, cap. 14); le terme *oga* n'a rien de particulier, il était le mot le plus courant, et nous le retrouvons d'ailleurs dans le texte Fawtier (*loc. cit.*, n° 13, p. 41), qui est certainement un résumé de l'hagiographie de Wrdisten (Fawtier, *loc. cit.*, n° 9, première ligne). — Cet abbé de Landevenec était un des hommes doctes de son temps, et ses lectures ont laissé des traces dans son ouvrage (Duine, *Saints de Domnonée*, p. 53). Non seulement il a lu Sulpice Sévère, Gildas, et d'autres écrivains célèbres, mais encore il connaît des morceaux qui nous paraissent assez rares aujourd'hui, comme le poème *de judicio Domini*, attribué à Tertullien (cf. Migne, *P. L.*, II, col. 1150. *Quaeque colunt medii devexo in climate mundi.* Et *Vita Winwaloei*, lib. I, cap. 5, édition La Borderie, *Per climata caeli devexa*).

(3) La pièce la plus considérable et la plus ancienne que nous ayons pour l'histoire de la Domnonée péninsulaire est la *Vita Samsonis*, qui est du VIIe siècle (cf. La Borderie, *H. de B.*, I, 1896, p. 560 et sq.; Fawtier, *La vie de S. Samson*, 1912; Duine, *La vie de S. Samson à propos d'un ouvrage récent*, in *Annal. de Bret.*, avril 1913; Loth, *La vie la plus ancienne de S. Samson de Dol*, 1914, extrait de la *Rev. celtiq.*; Duine, *Origines bretonnes*, 1914, extrait des *Ann. de Bret.*).

totalement en dehors de sa curiosité de métropolitain et d'historien. Nantes, Vannes et Rennes forment des murailles franques au delà desquelles il ne connaît aucune ville occidentale. Pour lui, les Bretons sont des brigands, qui ne respectent rien, ni leurs serments, ni les reliques, ni les vases d'église. De l'organisation religieuse des émigrés, pas un mot. Il connaît en tout trois pèlerins bretons au tombeau de saint Martin. Sur ces trois, l'un fut un saint complet, le prêtre Jean, qui fut enterré à Chinon (1) ; l'autre fut un saint manqué, le prêtre Winnoc, qui mourut alcoolique (2) ; le troisième, un certain Paternian, aveugle, sourd et muet, qui fut guéri à Tours (3). Trois pèlerins, ce n'est pas beaucoup, tandis que nous remarquons dans l'ancienne église bretonne un parti pris d'ignorer Tours (4). Pour suppléer au silence de Grégoire, nous avons la *Vita Samsonis*, composition du VIIe siècle, qui n'est pas négligeable. La vie de Paul Aurélien, évêque de Léon au VIe siècle, attribue la fondation du diocèse au roi Childebert, qui fait sacrer le saint, à Paris, par ses évêques, sans préoccupation de métropole, ni de consécrateur métropolitain (5). Quoi qu'il en soit de la valeur de cette hagiographie, rédigée en 884, d'après une notice plus ancienne (6), elle nous représente bien l'attitude de l'église bretonne depuis ses commencements jusqu'à la crise de la *contentio episcoporum* (7), en 847-850. Les chefs religieux de la péninsule reconnaissent comme autorité suprême le roi de Paris (8). Quand il sanctionne les fondations de Domnonée, on a l'estampille précieuse et définitive. D'ailleurs, l'autorité métropolitaine tombe partout

(1) *Gloire des Confesseurs*, 23.
(2) *H. F.*, V, 21 ; VIII, 34.
(3) *Virtut. S. Martini*, IV, 46.
(4) Duine, *Saints de Domnonée*, p. 11, et *Origines bretonnes*, p. 35.
(5) Lib. II, cap. 19 (édition Cuissard, in *Rev. Celtiq.*, avril 1883, p. 452).
(6) *Praefatio vitae*, au commencement du second paragraphe (*loc. cit.*, p. 417).
(7) Expression du *Cartulaire de Redon*, charte 25 (*Appendice*, p. 362).
(8) La mainmise des rois mérovingiens sur l'Eglise eut pour effet de détendre encore le lien assez lâche qui unissait les évêques au métropolitain (Lesne, *Hiérarchie épiscopale*, 1905, p. 8).

en décadence, et, au VIIIe siècle, l'organisation provinciale ne fonctionne plus (1).

Le concile de Tours de 813 ne songe nullement à la Bretagne. Il demande qu'on traduise le latin littéraire en latin rustique, ou en teuton, afin que le peuple comprenne les homélies épiscopales ; il aurait ajouté « et en breton », si les évêques celtiques avaient participé à l'assemblée, ou si l'assemblée avait fait cas de l'occident de la province ecclésiastique (2). Néanmoins la restauration de l'organisation métropolitaine se fait au IXe siècle, et cette organisation s'affirme avec force, juste au moment où surgit en Bretagne la *contentio episcoporum* (3). Les évêques bretons, sous le coup des inquiétudes que leur cause Noménoé, se réunissent, mais ils se gardent bien de mêler l'archevêque de Tours à leurs affaires ; cet archevêque est d'ailleurs au service de l'Empereur, c'est-à-dire au service de la puissance avec laquelle Noménoé est en lutte. Ils s'adressent nécessairement au Pape, de quoi Léon IV les loue grandement (4). Ce fut la première fois, semble-t-il, que l'épiscopat de la péninsule fit une manifestation collective, et que le Saint-Siège eut l'occasion d'exercer son magistère en Petite-Bretagne. Mais, bientôt, dégradés par la violence de Noménoé, ces mêmes évêques furent réduits à chercher l'hospitalité des Francs et à mettre en jeu la métropole de Tours, avec des apparences de raison et des réalités de pouvoir qu'elle n'avait jamais eues.

(1) Lesne, *loc. cit.*, p. 8-29.

(2) M. G. H., *Concilia aevi Karolini*, I, Pars II (1908), p. 288. « *Ut easdem omelias quisque aperte transferre studeat in rusticam romanam linguam aut Thiotiscam, quo facilius cuncti possint intellegere quae dicuntur* ». Un Breton, qui priait au tombeau de S. Oustrille, évêque de Bourges, nous fournit un exemple du latin rustique du VIIIe siècle, dans son exclamation : *libertinus sum!* au lieu de : *liberatus sum!* (M. G. H., *Miracula Austrigisili*, n. 13; in *Script. rer. merov.*, IV, 1902, p. 207).

(3) Consulter Lesne, *loc. cit.*, p. 86.

(4) *Leo IV episcopis Britanniae interrogantibus*. Date : 847-848 (dans les M. G. H., *Epist. Karolini aevi*, III, 1899, p. 593, n° 16).

§ IV. — L'archevêque Festien.

Nous ignorons qui fut le successeur immédiat de Salocon. Mais Festien nous est assez bien connu. Il sortait fort probablement de l'abbaye de Redon et avait été choisi, pouvons-nous croire, par l'abbé Conwoïon et le roi Salomon (1). Nous allons analyser la série des pièces, qui nous permettent de le suivre de 859 à 869.

a) CONCILE DE SAVONNIÈRES, près de Toul. Juin 859 (2). — Le concile écrit à quatre évêques bretons (*Fastcario*, *Wernario*, *Garurbrio*, *Felici*), pour les amener à respecter les droits du métropolitain de Tours, à ne pas faire d'ordination épiscopale à son insu, à ne pas prendre de mesure générale sans lui, à ne plus entretenir de relations avec ceux qui furent excommuniés pour leurs fautes au temps de Noménoé. Que les quatre évêques avertissent Salomon de ne pas empêcher la liberté des communications avec le métropolitain de Tours et qu'ils lui rappellent la soumission que les Bretons doivent au pouvoir des Francs.

Ainsi le cas de ces quatre n'est pas désespéré. Ils sont entrés dans la combinaison de l'indépendance bretonne, mais ils ne sont pas de ces intrus qui ont volé les sièges des destitués du synode de Coëtlou. Felix, qui ne peut être que de Saint-Brieuc ou de Tréguier, ne nous est pas autrement connu. Mais, Wernarius, de Rennes (3), et Garurbrius (4), de Saint-Brieuc ou de

(1) LOT, *Mél.*, p. 14 et sq., p. 18.

(2) HEFELÉ, *Hist. des Conciles*, édition de dom LECLERCQ, t. IV, 1re partie, Paris, 1911; et pour la bibliographie, t. IV, 2e partie. — Pour le texte des documents, cf. MARTÈNE, *Thes. n. anecd.*, III, col. 857 et sq., ou MORICE, *Preuves*, I, col. 309 et sq.

(3) HEFELÉ, *Hist. des Conciles*, édit. LECLERCQ, t. IV, 2e partie, 1911, p. 1291. L'assemblée se tint à Germigny en Orléanais et signa un privilège en faveur d'un monastère. Parmi ces signataires nombreux on voit WNARIUS *episcopus redonensis* (MABILLON, *Act. Sanct. O. S. B.*, Saecul. IV, P. II, p. 251). La destitution des évêques amis des Francs, la prise de Rennes, l'exil d'Actard de Nantes, effrayèrent sans doute ce prélat, qui jugea plus sage de s'entendre avec le personnel breton.

(4) Parmi les prélats du concile de Quierzy, Hincmar, dans son livre *de la prédestination*, signale *Gernobrio Turonensium provinciae episcopo*

Tréguier, ont suivi les discussions théologiques, le premier, en septembre ou octobre 843, au concile de Germigny ; le second, au printemps de 849, au concile de Quierzy-sur-Oise.

Fastcarius (on s'accorde à le dire) est l'archevêque de Dol. Quand on songe au langage indigné que les évêques Francs tiendront sept ans plus tard à propos de l'infortuné Salocon, on s'étonne de les surprendre aujourd'hui en communication avec Festien. Evidemment, ils tiennent compte de ce que celui-ci n'est pas une créature de Noménoé, et se plient à la nécessité de parlementer avec le centre de la résistance ecclésiastico-bretonne. Si l'on pouvait amener le siège de Dol à composition, la question du triomphe de Tours serait singulièrement avancée.

b) CHARTE DU 2 MARS 860 (1). — Salomon fait une donation aux moines redonnais. L'acte se passe dans une résidence du prince. Deux évêques figurent parmi les *testes* : Festien, et, après lui, Anaweten, de Quimper.

c) LETTRE DE NICOLAS Ier A SALOMON, roi des Bretons. Année 862 (2). — Le pape traite la question des destitutions épiscopales, qui furent exécutées par la puissance laïque et non suivant les règles canoniques; et il déclare que tous les évêques bretons ne sont que des suffragants de la métropole de Tours, et qu'il n'y a aucun témoignage de l'existence d'une église métropolitaine en Bretagne. Mais, puisque cette dernière

(HARDOUIN, *Acta Conciliorum*, t. V, col. 17. Sur cette assemblée, voir HEFELÉ, *Histoire des Conciles*, édition LECLERCQ, t. IV, 1re partie, 1911, p. 150 et sq.). Le personnage nommé offre (en donnant au *g* le son dur) un vocable parfaitement breton : *Guernobri* (LOTH, *Chrest. bret.*, p. 111, 173, 177, 209); disons, pour observer la couleur du IXe siècle, *Wernobri*. Si cet évêque avait été de Rennes, Hincmar était assez familier avec les mots *Redonum* ou *Redonensis* pour les employer, mais cet évêque est de contrées lointaines et inconnues de la littérature : il est plus simple de marquer purement le nom de sa province ecclésiastique. M. LOT (*Mél.*, p. 85) est le premier qui ait proposé l'identification *Gernobrius-Garurbrius*. Cette dernière forme est une cacographie franque, comme *Fastcarius*. De tels accidents n'ont rien de rare.

(1) *Cartulaire de Redon*, p. 24.

(2) PERELS, *Nicolai I Papae epistolae*, n° 107, p. 619 (édit. des M. G. H., Berlin, 1912).

question agite tellement les Bretons, qu'ils viennent discuter à Rome.

La lettre de Nicolas fait allusion à deux lettres de Léon IV, adressées dans le même temps, l'une à Noménoé, l'autre aux évêques de Bretagne ; la même lettre de Nicolas rappelle une lettre de Benoît III, qui protestait avec tristesse et indignation contre les destitutions épiscopales opérées irrégulièrement. — Nous avons donc, avec ce document de 862, un tableau de la première intervention de la Papauté dans l'histoire ecclésiastique de Bretagne. Jusqu'en 847, Rome était pour les Bretons le lieu de S. Pierre, où il était bon d'aller en pèlerinage (1) ; à partir de 847, sollicitée à la fois par les partis divers, Rome devient dans notre province une Autorité agissante. De cette action papale, Conwoion et son monastère furent les meilleurs agents. Ils voulurent, en effet, qu'au milieu des discussions la maison de saint Sauveur émergeât comme l'abbaye impériale et romaine de Bretagne (2), et ils tirèrent de cette politique

(1) Un des premiers compagnons de Conwoïon veut faire le pèlerinage de Rome avant de s'enfermer avec les moines (Pièce du 11 nov. 832 ; *Cartul.*, p. 353). Une lettre de Wrdisten, abbé de Landevenec, nous fait connaître les moines Pierre et Fidèle, qui faisaient le pèlerinage de Rome dans les années 872-898 (publiée par M. Fawtier, dans les *Mél. d'archéol. et d'hist.* de l'Ecole fr. de Rome, XXXII, p. 28). Une lettre de Jean VIII (pape de 872 à 882) nous montre les moines bretons Resgallon et Corvili, qui font le même pèlerinage vers le même temps (Morice, *Preuves*, I, col. 333). Nous avons cité dans les pages précédentes le cas du pèlerinage pénitentiel (en 858-866) du Breton Coumarch. — Enfin, au cours du IXe siècle, les députés des princes bretons ou de l'archevêque de Dol vont porter des lettres au Latran et parcourent Rome en attendant les réponses dont ils seront chargés.

(2) Au IXe siècle, l'abbaye exclusivement bretonne et archiépiscopale, c'est Léhon, fondée par Noménoé et gardant le corps de S. Magloire. La *Vita Maglorii* est un roman hagiographique à la gloire de Dol et de Noménoé. — Au contraire, Redon est l'abbaye fondée dans le but d'obtenir un appui spirituel à l'Empereur (*Cartul.*, chartes 1 et 2) et chargée d'exalter le culte de reliques romaines (*Gesta*, lib. III, n. 1, 3, 8). Conwoïon marque assez qu'il n'entend pas se séparer du *regnum Francorum*, en allant solliciter de Charles le Chauve, qui marche contre Noménoé, un diplôme favorable à Redon (*Cartul.*, Append., n° 28). Mais il n'est pas moins soucieux, à l'heure voulue, de se mettre en règle avec l'autorité bretonne et d'en obtenir les avantages possibles (*Cartul.*, Append., n° 31). Autant qu'à ses intérêts, le saint abbé obéit à une conception juridique. De même, l'écrivain des *gesta* prend soin de ne pas compromettre son héros et sa maison

des avantages sérieux (1). Les députés de Salomon, auxquels la lettre de 862 fait allusion, sont peut-être des moines de Redon, qui ont déjà fait le voyage ou que l'Abbé a initiés aux habitudes de la cour romaine ; ils négocient dans le sens de leur bienfaiteur, mais sans engager leur monastère, et Nicolas souligne leur prudence (2).

d) LETTRE DE NICOLAS Ier A SALOMON, roi des Bretons, et à son épouse. 26 mai 865 (3). — Vous me demandez d'envoyer le pallium à mon frère et coévêque Festinien, qui préside à l'église de Saint-Samson (4). Mais je vous ai déjà écrit (5) que

vis-à-vis des puissances, quelles qu'elles soient. — Il n'est pas improbable qu'il y ait eu de bonne heure rivalité entre Redon et Léhon. Serait-ce sans calcul que l'auteur des *gesta* (lib. III, n. 3) raconte l'histoire de Britoc, moine de Léhon, qui, lassé des disputes de son couvent, se rend à Redon et y fait un songe, — dont on trouve précisément la réplique dans les *Miracles de S. Magloire* (édition LA BORDERIE, ch. 9; et le n° 32). De même, à la description lyrique de Redon (*Gesta*, lib. I, cap. 4, édition MABILLON) répond une peinture des charmes de Léhon (LA BORDERIE, *loc. cit.*, n° 17; et le n° 32). A mon avis, pour dater la *Vita Maglorii*, on pourrait prendre comme *terminus a quo* la composition des *gesta Sanct. rot.*, et comme *terminus ad quem* la translation des reliques à Paris. L'auteur, par son style hagio-virgilien, appartient à l'école littéraire de Wrdisten, mais le moine de Léhon écrit d'un air plus laïque, si j'ose dire, que l'abbé de Landevenec. Notre conteur des rives de la Rance a la manière du Xe siècle. Lecteur d'Ovide, il a le goût du bel esprit; sa langue est merveilleusement artificielle, il veut faire montre de savoir et d'élégance, il aime les mots composés et les adverbes en *er*, il a souci d'avoir un vocabulaire riche, avec des mots qui sentent le dictionnaire classique et le jardin des racines grecques (Sur la *Vita Maglorii*, cf. DUINE, *Saints de Domnonée* [1912], p. 14 et sq.; *Origines bretonnes*, 1914, p. 17-18).

(1) Au milieu du XIe siècle, le pèlerinage à Redon remplace, sous certaines conditions, le pèlerinage à Rome (*Cartul.*, p. 244) et l'abbaye relève directement du Saint-Siège. Pour ce dernier privilège, elle paie au Lateran un impôt annuel de trois deniers d'or (*Cartul.*, p. 333), mais, en retour, le Lateran appuie l'abbaye dans les cas difficiles. Naturellement, Redon est utile à l'expansion de l'autorité romaine en Bretagne et favorise, au XIIe siècle, le métropolitanat de Tours (*Cartul.*, p. 299 et 392, p. 396, p. 397).

(2) *Porro legatos tuos, quos ad nostrum pontificium destinasti, dilectioni tuae commendare curamus; quorum prudentiam et fidem circa vos considerantes plurimum in Domino gratulati sumus* (*Nicolai I Epist.*, p. 622).

(3) PERELS, *loc. cit.*, n° 122, p. 639.

(4) Igitur deprecamini nos, ut pallium fratri et coepiscopo nostro Festiniano, qui ecclesiae sancti Samsonis praeesse dinoscitur, dirigamus.

(5) Cette observation renvoie à une lettre de Nicolas qui est perdue. Comme le dit Perels, *in epistolis, quae supersunt, haec non exstant.*

vous ne présentiez pas votre pétition suivant les règles qui s'imposent pour l'obtention d'une si haute faveur (1). Enfin, que votre candidat exhibe les pièces pontificales, qui ont accompagné la collation du pallium à ses prédécesseurs, afin que je ne m'écarte pas de la tradition. Qu'il me fasse remettre aussi une profession de foi catholique et de soumission à la chaire de Pierre, par un envoyé qui soit de son clergé et qui puisse prêter serment au nom de son évêque.

L'ambassade qui porta la lettre de Salomon et de son épouse était composée d'un prêtre et de quelques Bretons (2). Nicolas semble fort peu satisfait de ces députés, qui, vraisemblablement, manipulés par de rusés Italiens, ne savaient guère répondre aux questions embarrassantes et désiraient s'en aller au plus vite (3). Les moines de Redon, voyant que les affaires se compliquaient, avaient sans doute décliné l'honneur, dangereux pour leur monastère, de retourner en cour de Rome plaider une mauvaise cause. Le pape tenait à sa liberté, mais ne voulait pas désobliger l'empire franc (4). D'ailleurs, il était facile de soupçonner la fraude chez les partisans de la métropole bretonne. — Nicolas connaît maintenant « l'église de S. Samson », ce qui permet de supposer qu'on a invoqué l'autorité de la vieille hagiographie, qui faisait du fondateur de l'abbaye doloise le *Pontifex Summus* de tous les Bretons (5).

(1) Voir THOMASSIN, *Ancienne et nouvelle discipline de l'Eglise*. Nouvelle édit., Paris, 1725, t. I, col. 847 et sq. *Du pallium des Latins et des Grecs sous l'empire de Charlemagne*. — Au IXe siècle, le pallium, accordé par le pape, est l'attribut de la dignité métropolitaine et crée l'archevêque (cf. LESNE, *Hiérarchie épiscopale*, p. 36-37, p. 74 et sq., p. 95-96).

(2) *suggestiones, quas quidam presbyter et alii Britannicae gentis homines in scripto nobis detulerunt.*

(3) Ad ultimum sane monemus, ut, quotienscumque nobis epistolam vestram mittitis, talem hominem hanc deferentem dirigatis, qui nulla inquietudine stimuletur, sed tamdiu apud nos moretur, quousque......

(4) C'est l'idée très juste que le chanoine nantais introduit dans la première réponse [perdue] de Léon IV à Noménoé : *Nec decebat Romanam ecclesiam... quaerere ut regnum Francorum, tam valente herede, id est Karolo Calvo, ac nepote Karoli Magni, de potentia sua minueretur* (*Chronique de Nantes*, ch. 11; édit. MERLET, p. 35).

(5) Voir *Vita Samsonis*, lib. I, cap. 9 (édit. Fawtier, 1912, p. 108). Ce passage lyrique permettait tous les développements postérieurs sur l'archiépiscopat du saint dans la grande et dans la petite Bretagne.

e) LETTRE DE NICOLAS Ier A SALOMON. 865-866 (1). — Vous demandez encore le pallium pour Festinien, le vénérable évêque de Dol (2). Mais je vous ai déjà dit tout ce qu'il y avait à dire au sujet du pallium et de la métropole de Tours. Les documents et les faits montrent bien que c'est l'église de Tours votre métropole et que c'est à elle que vos évêques doivent s'adresser et obéir, tout en reconnaissant le pouvoir supérieur du Saint-Siège (3). Si vous avez des pièces en faveur d'une métropole bretonne, envoyez-les.

Quelques traits de cette lettre nous laissent entrevoir les raisons que Salomon produisait : 1° La Bretagne est un royaume à part, qui n'a rien à voir avec Tours (4) ; 2° L'église de Dol a perdu une partie de ses archives (5).

f) LETTRE DE NICOLAS Ier A FESTINIEN. 17 mai 866 (6). — Festien avait été prudent jusqu'alors. Mais il fallait bien envoyer quelque chose à Rome. Notre archevêque s'exécuta d'une manière malheureuse. Il ne respecta point les usages de la chancellerie romaine, et, en tête de son écrit, il plaça même son nom avant celui de Nicolas, agissant ainsi, déclare le pape, avec plus d'audace que de naïveté (7). Aussi la réponse pontificale sent-elle la mauvaise humeur :

Vous désirez recevoir le pallium pour l'église de Dol (8), je vous ai fait connaître les règles à ce sujet, mais vous ne les avez pas encore suivies. La question de la métropole ayant surgi, je vous ai dit de vous attacher à Tours, votre véritable métropole, ou de soumettre le cas au Siège Apostolique. Vous n'en faites rien. Que vos évêques reconnaissent donc la métro-

(1) PERELS, *loc. cit.*, n° 126, p. 647.

(2) *pallium Festiniano venerabili Dolensi antistiti.*

(3) *reservata sedis apostolicae potestate.*

(4) *reprehensibile esse videtur, ut ob divisionem regni quis sibi talia, qualia inter vos audiuntur, vindicare nitatur.*

(5) S'il est arrivé que l'église de Tours ou la vôtre ait perdu ses titres : *amissionis illius modum reserate aut ex utrisque partibus idoneos praecipuosque legatos, qui sciant plenam de omnibus reddere nobis rationis integritatem, nobis transmittite.*

(6) PERELS, *loc. cit.*, n° 127, p. 648.

(7) *temeritate potius quam simplicitate.*

(8) *pallii usum quaeritis Dolensi ecclesiae destinari.*

pole de Tours. Pour vous, qui ne formez que sept évêchés (1), j'ignore quelle tradition ecclésiastique vous autorise à posséder une métropole (2). Votre prétention est d'autant plus étonnante qu'il faut douze évêques pour juger un évêque ; or, s'il naît parmi vous une difficulté qui réclame ces douze, comment ferez-vous, ne pouvant appeler vos voisins du royaume franc, dont vous vous êtes séparés ; l'église souffre de ces aventures, comme il est arrivé dans votre querelle des destitutions épiscopales. En tout cas, ne prenez pas le titre de métropolitain avant de m'avoir envoyé les pièces que vos prédécesseurs ont reçues avec le pallium (3) ; car, si votre église a mérité la faveur du pallium, le don d'une si précieuse dignité ne vous a certainement pas été concédé sans des actes, que vous avez dû garder dans vos archives. A la vérité, vous m'assurez que le pape Séverin a consacré archevêque, d'après l'*histoire des papes* (4), votre prédécesseur Restoald (5), et

(1) Quimper, Vannes, Léon, Alet, Dol, Saint-Brieuc, Tréguier. — Rennes et Nantes sont des conquêtes acquises à la Bretagne de Noménoé.

(2) *Vos, qui tantum septem episcopos habetis, quae causa ecclesiasticae traditionis vos sinat habere metropolim, ignoramus.*

(3) On pourra lire dans Bède des exemples de lettres par lesquelles le Souverain Pontife conférait le pallium. Ainsi, organisant l'église d'Angleterre, Grégoire Ier veut que les archevêques de Cantorbéry et d'York aient chacun douze évêques suffragants et il donne le pallium à ces deux métropolitains (*H. E.*, l. I, c. 29). En 624, collation du pallium à Justus (*eod. loc.*, II, 8); en 634, à Honorius et à Paulinus (II, 17 et 18). Rome tient à ce chiffre de douze suffragants pour une métropole, chiffre mystique et qui donne plus de majesté à la province, mais chiffre qui n'est pas fondé historiquement. Les Dolois auraient pu dire à Nicolas que Tours n'avait pas toujours été métropole (cf. Babut, *S. Martin*, p. 200?) et que peu de provinces répondaient au système duodécimal (cf. Lesne, *Hiérarchie épiscopale*, p. 65, note 4; p. 88-89; p. 200, note 1). Ajoutons que, vraisemblablement, dans ce passage, le Pape vise moins la constitution duodécimale de la province, que le cas de nécessité canonique où la province peu nombreuse devrait inviter des évêques voisins.

(4) *Sicut in nostris legitur gestis.*

(5) Mgr Duchesne est le premier qui ait observé que ces *gesta* des papes ne sont autre chose que le *Liber Pontificalis*, dans lequel on trouve précisément que le pape Sergius (à la fin du VIIe siècle) *ordonna Bertoald archevêque de Bretagne* (cf. *F. E.*, II, p. 269). Comme le fait remarquer le savant critique, Bertoald est bien connu et n'a rien à voir avec le siège de Dol, puisque c'est le huitième archevêque de Cantorbéry. — Or, dans les *gesta sanctorum rotonensium*, à propos de la translation de Rome à Redon des

qu'Adrien a donné le pallium à un certain Iuthmaël (1). Mais, après m'être reporté à l'histoire de ces deux papes, je n'ai rien vu de ce que vous me racontez. Néanmoins, pour en finir avec cette affaire, je mande à mon frère et coévêque de Tours de m'envoyer un délégué ; envoyez-moi de votre côté vos fondés de pouvoir et vos titres, afin que je décide en pleine lumière quelle est la métropole dont relèvent les Bretons.

g) CONCILE DE SOISSONS. Août 866 (2). — Actard, de Nantes, l'ennemi actif des Bretons, et le métropolitain de Tours assistaient à ce concile. — Je laisse à penser la vie que firent ces deux amis. — Les Pères de la vénérable assemblée adressèrent au pape Nicolas une lettre peu flatteuse pour les Bretons :

Vous savez que, depuis vingt ans environ (3), les compro-

reliques du pape Marcellin, l'auteur s'inspire du *Liber Pontificalis* (cf. LOT, *Mél.*, p. 27, note 2). Conwoïon a pu faire lui-même la copie du passage qui l'intéressait, et lire le reste, et, peut-être, écrire pour son monastère un résumé de ce qui l'avait frappé davantage. Or, dans les circonstances que traversait l'église bretonne, il n'est pas possible qu'une phrase comme celle-ci : *Hic ordinavit Bertoaldum Britanniae archiepiscopum*, ne l'ait pas saisi, et qu'elle n'ait pas entraîné des commentaires entre moines bretons. Et l'on peut admettre que, dans la liste épiscopale de Dol, figurait un Restoald, qui prêta à confusion (Voir la bataille sur ce point, dans LEVILLAIN, *Les réformes ecclésiastiques de Noménoé*, in *Le Moyen Age*, juillet-août 1902, p. 229-232; LOT, *Mél.*, 1907, p. 25-27; LOTH : il n'y a rien dans le *Liber pontificalis* qui puisse expliquer l'autre assertion de Festien : qu'un certain Iuthmael de Dol aurait reçu le pallium. Il me paraît probable que Festien s'appuie sur un autre document que le *Liber pontificalis;* 1911, nº 4 de la *Rev. Celtiq.*, p. 493). — Reste en effet la question Iuthmaël. Il est clair que Festien l'a présenté comme évêque de Dol, et qu'il a pu emprunter réellement ce nom à sa liste épiscopale. Mais nous n'en pouvons dire davantage.

(1) *cuidam Iuthinaelo*. Mais il faut lire *Iuthmaelo* (LOTH, *Chrest. bret.*, p. 142 et 148). La sentence d'Innocent III donne les formes *Bestovaldo* et *Iunemeno* (MARTÈNE, *Thesaurus n. anecd.*, III, col. 947 (cf. col. 865). L'édition MORICE, *Preuves*, I, col. 763, a conservé *Iunemeno*, mais a corrigé, sans droit, l'autre vocable en *Restovaldo*. Au lieu du *Severinus* de la lettre de Nicolas, la sentence d'Innocent donne Sirice (*in regestis Sirich*, MARTÈNE, *l. c.*, 947. *In regestis Siri*, MIGNE, *P. L.*, t. 214, col. 630). Le nom de Sirice fait une absurdité, ce pape étant du IVe siècle. Quoi qu'il en soit, la lettre de Nicolas Ier à Festien fut examinée de près dans le procès de 1199, comme un des principaux éléments de discussion entre Dol et Tours.

(2) HEFELÉ, *Hist. des Concil.*, édit. LECLERCQ, IV, 1re partie, p. 397. — Le texte de la lettre du concile sur les Bretons se trouve dans MORICE, *Preuves*, I, col. 321.

(3) *Jam vicenus, et eo licet paululum, adsit annus, quo...* Merlet a fait observer que cette phrase prêtait à l'équivoque. Après *paululum*, on peut sous-entendre *minus* aussi bien que *magis*.

vinciaux de Bretagne ne viennent plus à Tours et ne s'occupent pas du métropolitain pour les consécrations épiscopales. Ces Bretons sont des gens barbares, qui n'obéissent à rien et sont fort méchants. L'église entière de la Neustrie, ou presque, souffre cruellement de leur férocité et de leurs pillages. Ah ! on pourrait vous en dire long de vive voix ! Quant à Salacon de Dol [1], il vit toujours, encore qu'il demeure exilé de son siège, et c'est à ce siège de Dol que les Bretons se vantent d'avoir une métropole en dépit du droit ; or, le dit confrère a été expulsé, et DEUX SUCCESSEURS lui ont été substitués avec le titre du siège, mais non pas, certes, avec la réalité du droit ; et ces changements ont été accomplis sans avertir le vrai métropolitain et sans obtenir son consentement. Et Susan de Vannes ? Il vit encore, et son siège continue d'être occupé injustement par un successeur. Mais la Sainte Eglise Romaine a souvent entendu parler de cette affaire. Il est vrai que, dans l'espace de la présente année, le duc des Bretons, sous l'influence de vos lettres, a rendu leurs sièges à certains évêques de sa race et de sa langue [2], mais il a fait cela de sa pure autorité, à la façon d'un chef barbare, sans se soumettre à aucune formalité du droit ecclésiastique [3]. Enfin, nous vous envoyons Actard de Nantes. Celui-là vous parlera.

Des deux successeurs de Salocon, nous connaissons le

(1) *De Salacone Dolense, adhuc quidem licet expulso superstite, cui loco se jactitant sedem metropolim contra fas habere, praedicto quidem fratre expulso, atque duobus in ipsa sede nuncupative subrogatis absque metropolitae scientia vel consensu...*

(2) *Quosdam... suae gentis et linguae.* Ces prélats, comme nous l'avons vu plus haut, sont Félix de Quimper, Libéral de Léon, et Ratuili d'Alet (ce troisième, nous l'inscrivons sous toutes réserves. Pourtant, il semble que les Pères auraient plutôt dit *duos*, s'il n'y avait eu que deux prélats rétablis, car, *duos* étant le minimum du pluriel, ce terme restreindrait mieux encore la reconnaissance qu'on serait tenté d'éprouver pour le détestable Salomon).

(3) Observons à ce sujet que la critique de la « bonne action » du roi de Bretagne montre abondamment quelles protestations énergiques auraient fait entendre les évêques francs, si les sièges épiscopaux de Dol, de Saint-Brieuc et de Tréguier avaient été des créations de Noménoé, comme l'imagine la *Chronique de Nantes*, et comme le croit Mgr DUCHESNE (*F. E.*, II, 266). Les partisans de la métropole tourangelle ne voulaient pas seulement la « bonne action », ils voulaient la bonne manière dans la bonne action.

second, qui est notre Festien. Nous ignorons qui fut le premier. Ce qui est remarquable c'est que le pape ne considère nullement Festien comme un intrus. J'en vois deux raisons plausibles : d'abord, cet évêque n'a pas profité d'une façon immédiate de la destitution de Salocon ; en second lieu, s'il y a quelque chose d'un peu irrégulier dans la situation de Festien, le pape ne s'y attache pas, afin de persuader ou d'amener à discussion le principal intéressé dans cette question de la métropole, qui est maintenant le nœud du conflit. D'ailleurs, Salocon vient de se retirer dans un monastère, non pas avec le titre provisoire et consolatif d'abbé, comme cela se pratiquait de temps en temps (1), mais pour vivre et mourir en moine.

Les Pères de Soissons font remonter la sécession bretonne à vingt ans. C'est un chiffre rond, qui date *grosso modo* les événements de 847-850. Mais, vingt ans plus tôt, les évêques bretons fréquentaient-ils les synodes de Tours et allaient-ils demander à cette métropole les ordinations épiscopales ? Nous avons donné dans les pages précédentes des motifs sérieux de croire le contraire. Ce qui permet aux Soissonnais de gémir sans mensonge sur la rupture des traditions, c'est que Garnier, évêque de Rennes, qui venait de mourir, s'était rattaché au groupement breton. Toutefois, son successeur, Electramn, tint compte des doléances conciliaires et de l'observation de Nicolas Ier sur le nombre d'évêchés qui pouvait dépendre de la métropole bretonne, s'il y en avait une, et, le 29 septembre 866, il se fit consacrer à Tours (2).

h) CHARTE DE ROIANTDREH (3), fille de Louwenan. 29 novembre 869. — Ayant perdu son mari et son fils, la noble dame

(1) A la fin du VIIe siècle, par exemple, l'évêque irlandais Romanus reçoit d'Ansoald, évêque de Poitiers, le monastère de Mazerolles, en Poitou (cas observé par M. LEVILLAIN, *loc. cit.*, p. 227, note 4).

(2) Voir l'acte de consécration d'Electramn dans MORICE, *Pr.*, I, col. 323. Il était évêque de Rennes dès le 12 août 866, au moins. Il semble donc avoir hésité pendant quelque temps sur l'archevêque auquel il devait demander le sacre. Néanmoins, ce prélat paraît avoir entretenu de bons rapports avec les moines de l'embouchure de la Vilaine : les chartes de Redon et les *gesta* contiennent le nom d'Electramn.

(3 *Cartulaire de Redon*, charte 109, p. 82-83.

Roiantdreh adopte le roi Salomon pour fils et pour successeur dans tout son patrimoine héréditaire. Cet acte est passé en Poutrécoët, à Bicloen [1], Ratuili étant évêque de l'évêché de Saint-Malo, et Festien étant évêque de l'évêché de Saint-Samson. — Ces deux personnages figurent donc aux indices chronologiques, mais ils n'étaient pas présents dans cette circonstance, car ils ne sont pas nommés parmi les *testes*. — La mention de Ratuili est régulière, l'acte étant passé dans son diocèse, et les biens affectés par la donation se trouvant en territoire de l'évêché d'Alet. — Mais la mention de Festien est singulière. Il semble bien que Salomon ait voulu rendre plus solennel l'acte qui le touchait de si près, en le datant par surcroît du nom de l'archevêque de Bretagne [2]. Que Festien

(1) La Borderie (*H. de Br.*, II, p. 173, note 6) identifie *Bicloen* et *Beignon*. Au Moyen-Age, l'évêque de Saint-Malo portait le titre de seigneur et baron de Beignon. Et tous les territoires limitrophes de ce lieu étaient dans l'évêché de Saint-Malo. Parmi ces territoires limitrophes était Plélan, où les moines de Redon et le roi de Bretagne se rencontraient si souvent. Je pense que ce sont les raisons qui ont déterminé l'identification adoptée par l'historien de notre province. *Beignon* s'appelait (à l'ablatif) *Bidainono*, en 1062 (*Cartul.*, p. 383), et *Beduno*, dans les premières années du XVe siècle (*Annal. de Bret.*, janv. 1904, p. 166-7). Rosenzweig, dans son *Dict. topogr. du Morbihan*, donne *Bedanum*, d'après une pièce de 1409.

Lot (*Mél. d'h. bret.*, p. 16, note 7) identifie *Bicloen* et *Baulon* (En marge du cartulaire, *Biclon;* dans une charte angevine de 849-851, *Beingloen*, in Marchegay, *Archives d'Anjou*, 1843, p. 363). Ce lieu convient parfaitement à la charte de 869. Il est en plein Poutrécoët et sur la limite de Maxent-en-Plélan, où se trouvait le monastère fondé par le roi de Bretagne en faveur des moines de Redon. Salomon avait une résidence dans le voisinage. D'après M. Guillotin de Corson (*Pouillé*, IV, 104) les détails de la charte angevine ne s'appliquent exactement qu'à Baulon. Quoi qu'il en soit, au XIIe siècle, l'on écrivait *Beaulon*.

(2) Il me semble difficile de trouver une autre explication sérieuse de la mention de Festien en 869. Néanmoins, par scrupule, j'en propose ici une seconde, malgré son caractère douteux. La paroisse de S. Turial est limitrophe de la paroisse de Baulon. Ces deux localités relevaient autrefois de l'évêché de Saint-Malo. Mais Turial est le nom d'un saint de Dol. Peut-être, au IXe siècle, Saint-Turial n'était-il qu'une trève de Baulon, et peut-être Festien réclamait-il ce territoire comme enclave de son diocèse. La légende de S. Turiau [texte de Clermont] nous dit que ce saint est né dans le Poutrécoët, qu'il étudia au monastère de Balon (dont le nom retentit souvent dans le cartulaire de Redon, de 845 à 846, et dont l'abbé sollicita de Noménoé des droits sur les bateaux naviguant dans l'Oust [charte 106]), qu'il parcourait durant son épiscopat dolois les rives de l'Oust pour exercer son ministère épiscopal et consacrer des églises (*ad opus ecclesie exercendum*, n. 5). Il n'est pas impossible que le nom porté par la paroisse de Saint-Turial soit un souvenir des prédications et des fondations de l'évêque

fût un favori du roi Salomon, ce n'est pas douteux; dans la charte du 2 mars 860, nous avons vu déjà Festien et Anaweten

de Dol, qui semble avoir vécu au VIIIe siècle. D'après la *Chronique de Dol*, Festien aurait été le quinzième évêque du siège de S. Samson, et le septième successeur de Turiau (B. N., *ms. lat. 14617*, fol. 128; MORICE, *Pr.*, I, col. 753).

La *I[a] vita Turiavi* (ou texte de Clermont) publiée dans les *Mém. de la Soc. archéol. de Rennes*, en 1912, est une légende archiépiscopale, qui a été rédigée, semble-t-il, d'après les traditions orales. Le souci de la *modulatio* (n. 3), la préoccupation de la visite épiscopale (n. 4), la mention d'un *confessor* (n. 15), concordent avec la réforme religieuse dessinée par les *capitulaires* de Charlemagne et de Louis Le Pieux. Le caractère monastique, encore frais, du récit (n. 15 et 16); le tableau d'un *episcopus ad praedicandum*, qui exerce son ministère jusque dans le Poutrécoët et dans l'ancien territoire des Coriosolites (n. 4, 5, 6), s'harmonisent avec la physionomie d'une abbaye-évêché. La présence du roi Gralon, dont la belle légende se développa au temps du roi Salomon, est toute naturelle dans un document de la seconde moitié du IXe siècle. Le latin de cette pièce, comparé à celui des chartes et des autres hagiographies, comme l'affirmation claire de l'existence du corps saint à Dol (n. 16), nous permettent de rattacher la *I[a] vita Turiavi* à la littérature métropolitaine de l'époque de Festien.

La *II[a] vita Turiavi* (ou texte de Paris) publiée dans les *Acta Sanctorum* de juillet, est une légende archiépiscopale, qui a été rédigée, semble-t-il, dans le cours du Xe siècle, pour la célébration des reliques que possédait l'abbaye de Saint-Germain-des-Prés. L'hagiographe est un rhéteur qui fait de l'esprit (Remarquez ses réflexions : *la jeune fille allait au tombeau, portée par des pieds qui n'étaient pas les siens !* (n. 8); et surtout sa narration de l'incendie (n. 7). Observez en plus le genre romanesque de son début (n. 1 et 2). Cet écrivain n'a pas idée de ce qu'était une abbaye-évêché : son archevêque de Dol gratifie de bénéfices (*temporalibus bonis donavit*, n. 2) le jeune Turiau, comme le ferait un seigneur évêque disposant des terres et revenus d'église en faveur d'un clerc. L'auteur a quelques distractions : une croix de bois, dont il parle (n. 4), devient, un peu plus loin, une croix de pierre (n. 8). Pourtant, sa composition est brève (9 paragraphes en tout). Quoi qu'il en soit, cette *II[a] vita Turiavi* contient des noms bretons et des particularités locales, qui complètent la *I[a] vita Turiavi*, et qui ne sauraient être inventés par un moine de Saint-Germain-des-Prés, qui écrit vers la fin, peut-être, du Xe siècle (D'après une communication de M. Loth, datée du 18 juin 1914, la forme *Cuoidgual* est caractéristique du Xe siècle, tandis que *Riuuallon*, par exemple, qu'on trouve dans cette même hagiographie, est vieux breton). En outre, en y regardant de près, on reconnaît, malgré quelques divergences nettes, une certaine parenté entre les deux textes. C'est pourquoi, si l'auteur de la *I[a] vita* ne déclarait pas formellement, en terminant sa préface, que l'ancien codex avait disparu par négligence, je n'hésiterais pas à conclure à l'existence d'une *Vita primigenia Turiavi*, dont le texte Clermont et le texte Paris seraient des dérivés d'époques diverses.

Le culte de Turiau réussit. Notre saint entra dans le martyrologe d'Usuard, composé entre 863 et 869 (d'après MOLINIER, *Sources de l'hist. de Fr.*, 1901, p. 106). Ce fait nous oblige de croire, semble-t-il, que le bienheureux Dolois fut vénéré d'assez bonne heure dans quelque monastère à la résidence du prince (attirés par leurs intérêts), et servant de témoins à cette occasion, pour une donation qui ne les affectait en aucune manière; cependant Festien, bien qu'il fût d'ordination épiscopale très postérieure à celle d'Anaweten, fut nommé avant son collègue de Quimper.

***

Le pape Nicolas était mort en novembre 867. Conwoïon n'avait pas tardé à le suivre dans la tombe (5 janvier 868). Avec cet abbé de Redon disparurent peut-être les scrupules ultramontains ou juridiques des partisans de la métropole bretonne. Adrien II, successeur de Nicolas, se montra tout dévoué à l'église de Tours et à l'actif Actard de Nantes (1). Il est possible que Festien ait vécu assez longtemps pour voir, en 871, le prélat anti-breton monter victorieusement sur le siège archiépiscopal de Saint-Martin. L'église de Dol sentit la nécessité de corriger les événements par la composition de documents utiles (2). Le 25 juin 874, expira le soutien fervent

neustrien. Ses reliques servirent peut-être à l'expansion bretonne et archiépiscopale au temps des conquêtes du roi Salomon (A part Samson et Turiau, qu'on le remarque, aucun saint celtique de la péninsule ne figure dans le texte d'Usuard). S. Turiau paraît dans un martyrologe gallois antérieur à 1082 (au 13 juillet, *depositio Toriavi episcopi;* H. Delehaye, *Martyrol. Hierony. Cambrense*, in *Analecta Bolland.*, 12 nov. 1913, p. 397); et dans un martyrologe de la cathédrale de Clermont, écrit au XIe siècle (le 13 juillet : *ipso die, beati Turiani, dolensis episcopi;* Quentin, *Martyrologes historiques*, p. 227-231). Il est catalogué dans un martyrologe-nécrologe de l'Eglise d'Auxerre (*Veterum script. amplissima collectio*, t. VI, col. 712) que Martène a rangé parmi ses *Martyrologia antiquissima.* Il est entré aussi, au XIIe siècle, dans le martyrologe irlandais de l'abbé Gorman (Whitley Stokes, *The martyrology of Gorman*, 1895, p. 136-137). Enfin, il ne fut pas inconnu en Ecosse (Forbes, *Kalendars*, 1872, p. 118, 133, 205, 455).

(1) Morice, *Pr.*, I, 324 et sq. Duchesne, *F. E.*, II, 366.

(2) Nos Dolois sollicitèrent les textes et les reliques en faveur de ce qu'ils croyaient être justice et vérité. Ils exhibèrent le *pallium* de S. Samson (Une pièce de janvier 1223, qui énumère des objets enlevés à la cathédrale de Dol en 1203, range parmi ces choses précieuses des restes de S. Samson et de son pallium. Cf. Morice, *Pr.*, I, 849. Mais j'ignore depuis quand l'on montrait ce morceau si probant). D'autre part, un moine de Redon ayant fabriqué une lettre d'Adrien II, pour glorifier les reliques et les privilèges de l'abbaye, un clerc de Dol termina la lettre par ces mots : *Pallium quoque quod fratri et coepiscopo nostro Festiniano postulastis cum privilegio suo vestrae dirigimus charitati.* Mais je ne puis dire si cette addition

de la primauté doloise, le roi Salomon, assassiné par les soins de son gendre, qui s'était uni à quelques seigneurs tant bretons que francs (1).

APPENDICE

Catalogue épiscopal de Dol des origines au temps de la *Chronique de Nantes*.

S. SAMSON. — Mort vers 565. — Principales reliques à ORLÉANS.

S. MAGLOIRE. — Ce saint des îles anglo-normandes, qui étaient bretonisées et qui dépendaient de l'abbaye-évêché de Dol, a été consacré par la légende évêque de Dol et successeur de Samson. — Principales reliques à PARIS.

S. BUDOC. — Successeur du précédent, si l'on veut en croire la *vita Maglorii*. — Principales reliques à DOL (2).

est antérieure au XIe siècle (Cf. *Cartulaire de Redon*, pièce 90, p. 68. *Chronique de Dol*, dans le ms. latin 14617 de la Bibl. nat., fol. 129. Et LOT, *Mél. d'h. b.*, p. 31, note 2). Enfin, l'église de Dol cultiva son hagiographie; et les invasions normandes, en contribuant à la dispersion des corps saints et à la diffusion des légendes, donnèrent un merveilleux essor au culte des noms les plus chers à la métropole bretonne. La chrétienté accepta que Samson avait été archevêque. Même, soumettant en sentence définitive Dol à Tours, Innocent III attribuait la querelle séculaire à l'archiépiscopat que le fondateur du siège de notre Festien avait exercé en Grande-Bretagne et que les Bretons voulaient prolonger indûment en Petite Bretagne (MORICE, *Preuves*, I, col. 762-3).

(1) LA BORDERIE, *H. de B.*, II, p. 114 et sq.

(2) Quant[e] vero sanctitatis fuerit vir iste sanctus Budocus, preciosa munera que secum de sancta civitate detulit Jherusalem, scutella scilicet et cutellus, quibus Dominus [usus est] in ultima cena quam cum discipulis suis fecit, testantur; que etiam cum aliis preciosis reliquiis de predicta sede translatis, timore populancium ecclesia[s], apud Aurelianensem urbem in basilica sancti Sansonis honorifice servantur (B. N., *ms. lat.* 14617, fol. 127 v°). Cujus in Dolensi ecclesia corpus sanctum et gloriosum quiescit in pace (MORICE, *Preuves*, I, col. 753). — C'est, probablement, dans le sac et l'incendie de 1203, dus aux qualités guerrières des soldats de Jean-sans-Terre, que les reliques de S. Budoc disparurent de la cathédrale (DUINE, *Hist. de Dol*, p. 9, 24 et 265). — Sur la légende de S. Budoc, cf. mes *Saints de Domnonée*, p. 20 et sq.

S. Genevé. — La *Chronique de Dol* affirme que l'église de S. Samson possède encore la vita de S. Genevé, mais que les restes de celui-ci sont conservés à Loudun (1). — La *vita Genevei* est perdue, cependant nous savons que le culte du bienheureux existait au XIIe siècle : les bénédictins de Saint-Florent avaient en Rimou, enclave de Dol, une *capella S. Genovei* (2). — On peut donc ranger Genevé parmi les saints qui se rattachent légendairement à l'église de Dol (3).

S. Leucher. — L'ancienne *vita Samsonis* le mentionne comme évêque à la tête de l'abbaye de Dol.

Tiernmaël. — Evêque de l'abbaye de Dol dans les premières années du VIIe siècle. (La forme *Tiernmaël* représente pour les linguistes le *Tigernomal*, à qui l'ancienne *Vita Samsonis* fut dédiée, et le *Tiurmail*, qui figure, dans la *II^a^ vita Turiavi*,

(1) *Hist. de Dol*, p. 243 et 327.

(2) Guillotin de Corson, *Pouillé*, V, p. 684.

(3) Un inventaire de 1500 environ énumère parmi les reliques de l'Eglise Notre-Dame du château de Loudun, « premièrement », le corps S. Juvenel, « lequel ful evesque de Dol », et un peu plus loin « le chef de S. Juvenel » (Bibl. publiq. de Poitiers, *Collection Fonteneau*, t. LXIV, p. 258). Les bénédictins bretons ont noté ceci : « Dans un ancien catalogue des reliques qui étoient en l'Eglise N.-D. du Château de Loudun, est marqué : le corps de S. Juvenel lequel fut évêque de Dol, le chef de S. Genest » (Bibl. Nat., *Ms. fr.* 22322, fol. 415).

Comme me l'a fait observer M. J. Loth, la forme *Juvenel* est « une forme romane » qui devait être familière dans le Loudunois; il n'est pas impossible qu'on l'ait confondue ou adoptée au détriment de la forme bretonne *Iunvel*. M. Loth m'apprend que *Iud-mael* a pu s'écrire (à cause de la prononciation) *Iunvel*. Ces remarques du savant linguiste nous conduiraient à croire que le saint dolois de Loudun était en réalité notre Juthmaël-Jumaël-Jumel.

Au sujet du nom de *Junemen*, qui figure dans la sentence d'Innocent III (voir p. 453, note 1), M. Loth a bien voulu me communiquer les observations suivantes : ce nom représente au IXe siècle *Iud-nemet*, au Xe-XIe siècle *Iunnevet*, et *Iunevet* pourrait être le *Genevé* (francisé). — Comme Junemen, dans la pièce de 1199, remplace Juthmael, nous sommes encore davantage porté à croire à quelque confusion entre Genevé et Jumel (c'est-à-dire, entre *Iunevet* et *Iunvel*).

Dans sa lettre du 17 septembre 1915, M. Loth ajoutait : « Si *Iunemen* » était sincère, il faudrait supposer au IXe siècle *Iunet-maen*, qui deviendrait *Iunemen*, prononcé *Iuneven*, au XIe siècle. Dans ce cas, *Geneveus* » serait pour *Geneven-us*. Iuneven serait tout différent, naturellement, » de Iudmael. »

comme prédécesseur de Turiau (1). Mais, l'identification historique des deux noms est moins sûre que leur identification linguistique). — S. ARMEL. Reliques principales à PLOËRMEL. Ce saint du Poutrécoët a été accaparé par la *Chronique de Dol* au profit de l'église de S. Samson. Le nom de *Tiarmail* a pu exciter le rédacteur à pratiquer une belle identification hagiographique (2).

RESTOALD. — Nous avons parlé plus haut de cet évêque inquiétant, qu'on faisait vivre au temps du pape Séverin (qui monta sur la chaire de S. Pierre en 640 et ne gouverna que deux mois).

WRVAL. — Prédécesseur de Turiau, d'après la *Ia vita Turiavi*. Il y a un saint Gurval, dont le nom se trouve être le même que celui de l'évêque de Dol (3).

S. TURIAU. — Après celui-ci, la *Chronique de Dol* passe à Festien, en disant qu'il s'écoula environ 160 ans entre Festien et Turiau, ce qui ferait vivre notre saint vers 700. — Usuard le qualifie : *mirae simplicitatis et innocentiae vir* (4).

S. JUMEL est le même personnage que le Iuthmaël du pape Nicolas et de l'archevêque Festien. L'église de Dol le déclarait : *sanctus ac Deo dignus;* et le faisait contemporain du pape Adrien Ier (772-795) (5).

HAËLRIT. — 842.

(1) LOTH, *Chrest. bret.*, p. 100 et 167.

(2) DUINE, Saints de Brocéliande : *S. Armel*, 1905, p. 12 et 20-23.

(3) DUINE, *Origines bretonnes*, 1914, p. 21.

(4) Cette expression, qui n'est pas dans la *Ia Vita Turiavi* (texte Clermont), paraît dans la *IIa Vita Turiavi* (texte Paris). Elle semble donc bien une création de l'abbaye de Saint-Germain-des-Prés, en ce qui concerne l'évêque de Dol. Mais nous devons ajouter que rien n'est moins original ni moins caractéristique que cette louange, si chère à tant d'hagiographes ! A Redon, notamment, on célébrait grandement *la simplicité et pureté de vie* des saints de la maison (*Gesta Sanct. rotonens.*, lib. II, n. 2 et 3 ; *Cartulaire*, charte 296). On trouve *la simplicité et l'innocence*, dans la vie de S. Guénaël (BOLLAND., *Acta*, Nov. I, p. 674, n. 2), comme dans la vie de S. Judicaël, etc. Antérieurement à Usuard, on voit dans Grégoire le Grand, par exemple, la formule : *mirae simplicitatis atque humilitatis vir* (*Dialog. IV*, cap. 26). C'est de formules de ce genre que dérive le compliment du martyrologiste à l'adresse de S. Turiau.

(5) MORICE, *Preuves*, I, 753. B. N. *ms. lat.* 14617, fol. 128. LOTH, *Noms des ss. bret.*, 1910, p. 66.

SALOCON. — 848.

FESTIEN. — 859.

MAIN Ier (ou *Mahen*). — Une lettre de Jean VIII lui est adressée, ainsi qu'aux autres évêques de Bretagne, pour les menacer, s'ils n'entrent pas dans l'obédience de Tours. Cette pièce est de l'année 878 (1). — En prétendant que ce prélat est le XXe de l'église de S. Samson, la *Chronique de Dol* (2) suppose qu'il y a eu quatre évêques entre la mort de Festien et l'avènement de Mahen. Notre pauvre chronique est faible, et surtout en chronologie. — On donne une autre lettre de Jean VIII *dilecto atque praeclaro filio Maino archiepiscopo nec non et caeteris episcopis*. Outre qu'il paraît difficile de dater cette épître d'une manière un peu précise (Jean VIII régna de 872 à 882), on hésite à tenir compte d'un morceau si singulier (3).

JEAN Ier. — On lit dans l'hagiographie de S. Leufroy que ce bienheureux fut transféré de son premier tombeau dans l'ancienne église de la Croix-Saint-Ouen *a Ioanne venerabili episcopo Dolensis ecclesiae et Abbate loci ipsius* (4). — La difficulté est de savoir à quel moment ce Jean a vécu. Mgr Duchesne préfère le placer après Mahen (5).

(1) MORICE, *Preuves*, I, col. 333-4. — Dans MABILLON (*Acta Sanct. O. S. B.*, I, p. 185), une note dit que Maino, évêque de Dol, transporta à Orléans, en 878, les reliques de S. Samson, par peur des Normands. C'est une note fautive.

(2) B. N., *ms. lat.* 14017, fol. 120.

(3) MORICE, *Preuves*, I, 333. JAFFÉ, *Reg. pontif. rom.*, I, 1885, p. 383, no 3003. Sous l'année 874-875. LA BORDERIE, *H. de B.*, II, p. 271 et sq. LOT, *Mél.*, p. 31, note 3. *Annal. de Bret.*, avril 1913, p. 350 et 351.

(4) *Acta Sanct.*, Junii t. IV, p. 111, no 29. LA BORDERIE (*H. de B.*, II, 327) est le premier qui ait rétabli dans le catalogue de Dol ce Jean totalement oublié.

(5) *F. E.*, II, p. 385. Cf. DUINE, *Hist. de Dol*, p. 308-309. J'avoue que Mgr Duchesne ne m'a pas convaincu. Le principal argument de l'illustre savant consiste à expliquer l'abbatiat neustrien de Jean par les invasions normandes, qui « chassèrent de chez eux les évêques bretons, vers la fin du IXe siècle ». Comment, alors, s'accommoder avec la lettre de Radbod, écrite vers 925, qui fait état de la *stabilitas* de Dol avant l'exil du Xe siècle? Cette *stabilitas* semble même confirmée par la *vita metrica Samsonis*, qui est antérieure de plusieurs années à la lettre de Radbod. La *vita metrica* loue l'archevêque et le saint, sans prononcer un mot qui soit un indice de

LOWENAN. — Il vivait au commencement du Xe siècle, comme nous l'avons vu par la lettre de Radbod, que nous avons citée dans les pages précédentes. L'auteur de la *vita metrica Samsonis* (1) dit qu'il compose son œuvre pour obéir à ce prélat : *me resonare jubet Lovenan episcopus* ; et il célèbre la largesse et la douceur de ce *princeps pacificus patriae*.

AGAN figure en mai 930, comme *évêque de S. Samson*, c'est-à-dire de Dol, dans l'acte (2) par lequel le duc Hugues le Grand (père de Hugues Capet) installa dans l'abbaye de Saint Symphorien, à Orléans, les reliques samsoniennes et les chanoines. — Il est probable que Agan mourut à Orléans et que ce fut son successeur qui, à la prise de Dol par les Normands, en 944, fut étouffé dans la cathédrale, par la foule épouvantée qui s'y réfugiait (3).

WICHOHEN (et *Gisloen*). — Il paraît sous la forme *Iuthoven* dans le cartulaire de Landevenec (4). Il est appelé *archiepiscopus Dolensis* dans la *Chronique de Nantes* (5) et signe en France *Britannorum episcopus* (6). Son fils, Gautier, fut élu

troubles dans l'église doloise, et qui fasse allusion à des craintes passées pour les reliques essentielles ou à quelque délivrance de ces mêmes reliques :

Felix ille Doli locus in quo carne quiescit !

Bien entendu, je ne prétends pas que la *stabilitas* signifie que les Normands étaient inconnus dans la région doloise. De l'île de Batz à l'île de Sark, nous le savons par la *vita Pauli Aureliani* et par la *vita Maglorii*, les pirates avaient fait de terribles excursions, avant la grande débâcle bretonne, que nous signalent les *Annales de Flodoard*, complétées par la *Chronique de Nantes*. Déjà, la *vita Machutis*, que Bili composa vers 869, nous peint une descente de Normands dans la contrée d'Alet. Mais l'église de Dol se sentit suffisamment protégée, semble-t-il, au moins jusqu'à la fin du règne d'Alain, advenue en 907 (LA BORDERIE, *Hist. de Bret.*, II, p. 334).

(1) Il nous manque une bonne édition de cette vita, qui n'a été publiée que fragmentairement (cf. *Annal. de Bret.*, avril 1913, p. 334).

(2) Texte réimprimé dans LA BORDERIE, *H. de B.*, II, p. 514 (Avec traduction, p. 515).

(3) *Annales* de FLODOARD (édit. LAUER, 1906, p. 94. Consulter une note du même savant dans *Le règne de Louis IV d'Outre-Mer*, 1900, p. 285-6).

(4) Edition LA BORDERIE, p. 157. Sur la charte en question, cf. LATOUCHE, *Mél.*, 1911, p. 48 et sq.

(5) Edition MERLET, p. 108.

(6) *Chartes de Saint-Julien-de-Tours* (in *Bibl. de l'Ec. des Chartes*, 1886, p. 229).

évêque de Nantes (vers 958-960) (1). Wichohen était un grand seigneur, dont Conan le Tort eut du mal à rejeter la tutelle (2). Il figure en mars 967 et en avril 969 auprès de Hugues Capet (3). Ces relations avec la France inquiétèrent peut-être la hiérarchie tourangelle, qui dut chercher des garanties ; car, en 970, Jean XIII adressa aux évêques de Bretagne une monition sur les droits de Tours, méconnus par l'injustice de l'archevêché breton et inexercés par le malheur des invasions normandes (4).

MAIN II. — Devenu duc de Bretagne, Conan le Tort paraît à Dol *in monasterio S. Sansonis*, le 28 juillet 990, et y fait une donation au Mont-Saint-Michel. La charte fut écrite à Rennes, quelques jours après. A la suite de Conan et de son fils, servirent de témoins Main, archevêque, et tous les évêques de la Bretagne (5).

Malgré l'autorité de la *Gallia Christ.*, XI, col. 514, je n'ose inscrire parmi les archevêques de Dol ROLAND Ier, mort en 1004, nous dit-on, et enterré au Mont Saint-Michel, dont il aurait été moine. En effet, ce personnage ne se rencontre ni dans les chartes, ni dans la *Chronique de Robert de Torigni.* Et je crains des confusions. Cf. DUINE, *Hist. de Dol*, p. 258 ; *Saints de Domnonée*, p. 34. Pourvu qu'on n'ait pas emprunté cet évêque à Frère ALBERT LE GRAND, de Morlaix ! (Nouvelle édition de 1901, p. 190*).

GINGUENÉ. — La *Chronique de Nantes* mentionne *l'archevêque de Dol, nommé Junguineus, qui surpassait tous les Bretons par la lumière et l'adresse de ses avis, et qui avait la faveur d'Alain, dont il fut le principal conseiller* (6). Ce personnage paraît comme témoin dans une pièce relative à l'abbaye

(1) *Chroniq. de N.*, Merlet, p. 104.

(2) D'après la *Chronique de Saint-Brieuc*, in MORICE, *Preuves*, I, col. 33.

(3) *Gallia Christ.*, XIV, col. 1044. — Pour 967, cf. ici p. 463, note 6.

(4) MORICE, *Preuves*, I, col. 347. *Jura [Ecclesiae Turonensis] a vestro archiepiscopo et suis decessoribus per violentiam et paganorum Nortmannorum contrarietatem sublata videntur.*

(5) *Hi novem episcopi, jussu Conani, eorum domini, testes sunt* (MORICE, *Preuves*, I, col. 351). Cf. *Chronique de Nantes*, édit. MERLET, p. 128.

(6) Edit. MERLET, p. 139.

de Saint-Méen, pièce qui n'est guère postérieure à l'année 1008 (1). On le voit encore dans une charte de 1035-37 (2).

La baronnie de Combour fut constituée par Ginguené, en faveur de son frère Riwallon (3), pour la protection de l'église de Dol (4).

JUTHAEL (ou *Juhel*) (5) acheta par des présents faits au duc Alain (mort en 1040) le siège archiépiscopal de Bretagne. Il paraît dans une donation qu'il faut placer entre 1040 et 1045 (6), et dans quelques autres pièces de ce genre (7). Ce fut un forban (8). Il donna beau jeu aux partisans de

(1) MORICE, *Preuves*, I, col. 359.

(2) Ginguené, dont le nom a pris une curieuse variété de formes (*Hist. de Dol*, p. 331), s'appelle ici Gingolor (ROUND, *Calendar of docum. pr. in Fr.*, I, 1899, p. 37).

(3) Ce nom est celui du seigneur du même pays, que l'hagiographe de la *IIa vita Turiavi* nous dépeint brûlant le petit monastère de S. Maoc. — Ce monasteriolum continue d'être mentionné, sous la forme *Tremachou*, dans une charte de 1053 (MARCHEGAY, *Archives d'Anjou*, I, p. 263. Et LOTH, *Noms des ss. bret.*, p. 85). La paroisse de Trémeheuc était du diocèse de Dol, mais le monasteriolum, tout voisin, se trouvait en Combour, qui, au Moyen-Age, faisait partie du diocèse de Saint-Malo. Puisque Turiau agit en maître dans ce quartier-là, c'est que, au sens de l'hagiographe, ce quartier-là dépendait alors de l'église de Dol. — Ainsi la caractéristique de la vie de Turiau (texte de Paris et texte de Clermont) est de montrer le saint exerçant son action dans des localités qui dépassent les limites du diocèse de Dol, tel que nous le connaissons au Moyen-Age.

(4) LA BORDERIE, *Le régaire de Dol et la baronnie de Combour* (in *Mém. de la Soc. archéol. de Rennes*, année 1862, p. 175). Voir d'ailleurs l'*enquête de 1181 pour le recouvrement des biens de l'église de Dol* (MORICE, *Pr.*, I).

(5) LOTH, *Chrest. bret.*, p. 143, 215.

(6) *Signum Judhalis archiepiscopi* (MORICE, *Preuves*, I, col. 394).

(7) MORICE, *Pr.*, I, 393. Et *Judhael archiep. de Dolo* (MORICE, *Pr.*, I, 477).

(8) Les hagiographes le traitent d'*archiloup* et le nomment *Johoneus* (Voir la *vie de S. Gilduin*, écrite à l'abbaye chartraine de Saint-Père-en-Vallée, communiquée en août 1618 à Frère AUGUSTIN DU PAZ, qui la publia en partie dans son *Histoire généalogique*, 1619, p. 501 et sq. Cf. DUINE, *Saints de Dol*, 1902, p. 36 et sq. *Bréviaires et missels de Bret.*, 1906, p. 174). Les renseignements sérieux sur la conduite de Juthaël nous sont fournis par la première lettre de Grégoire VII à Guillaume le Conquérant (MORICE, *Pr.*, I. 442), et par l'enquête de 1181 pour le recouvrement des biens de l'Eglise de Dol (MORICE, *Pr.*, I, 683). On est porté à croire que Juthaël, alors que son puissant vidame entrait dans la révolte des seigneurs, demeura partisan du duc Hoël et fut ainsi pour quelque chose dans les opérations militaires de Guillaume le Conquérant contre Dol en 1076 (LA BORDERIE, *H. de Bret.*, III, 27. DUINE, *Hist. de Dol*, 30-31, 263). Le Pape fut obligé d'écrire une nouvelle lettre au roi d'Angleterre, relativement à la protection que celui-ci accordait à Juthaël déposé (MORICE, *Pr.*, I, 446). Les principales

l'archevêché de Tours, pour reprendre le procès métropolitain (1). On réussit à l'expulser de Dol vers 1075, comme cela semble résulter des faits connus, mais les renseignements nous manquent sur cette opération qui dut être laborieuse. D'après la *vita Gilduini*, on fit appel aux évêques voisins.

***

Le trouble dans lequel Juthaël jeta l'église de Dol et les événements qui s'en suivirent, amenèrent Grégoire VII à consacrer archevêque de Saint-Samson et à honorer du pallium le grave Even, abbé de Saint-Melaine de Rennes (2). Pour la première fois, le Saint-Siège reconnaissait canoniquement (quoique à titre provisoire) la métropole bretonne. Le but du Pape était de donner une autorité incontestable à Even pour rétablir l'ordre (3). — L'église de Tours ne désarma point. Le 1er juin 1199, Innocent III rendit contre Dol une sentence, qui fut définitive (4). L'église de Saint-Samson promit obéissance

fautes de l'archiloup furent d'ordre politique, les mœurs du temps permettant le reste. En fait, c'est un jeune chanoine, Gilduin, fils de Riwallon et neveu de l'ancien archevêque Ginguené, que l'on proposa à Grégoire VII pour succéder à *la bestia;* manière d'agir, un peu amusante, chez des gens qui invoquent la pureté des saints canons. Le pape refusa de sacrer l'adolescent. Du moins est-il clair que la maison de Dol-Combour voulait se rendre maîtresse des élections archiépiscopales.

(1) Morice, *Preuves*, I, lettre de Léon IX aux princes bretons, en 1049 (col. 396); lettre du cardinal Etienne à J..., évêque de Dol, en 1060 (col. 411). — Ajouter les remarques de M. Merlet (*Chroniq. de N.*, p. xxxiii et sq., xxxvii et sq.) sur l'épiscopat de l'italien Airard, que Léon IX avait placé sur le siège de Nantes.

(2) *Instauratio monasterii Sancti Melanii in suburbio Redonensi* (in *Analect. Bolland.*, IX, 1890, p. 438 et sq.).

(3) Even mourut le 25 septembre 1081 et fut enterré à l'abbaye de Saint-Melaine (Martène, *Veter. script. ampliss. collectio*, t. V, col. 1128).

(4) D'après la chronique interpolée d'Albéric, laquelle s'arrête en 1241, le pape termina le procès en disant à Jean, notre élu : *de dolo es et in perpetuum dolebis.* Alors, Jean abandonna toute candidature, mais Innocent lui donna un siège en Toscane. Quant à l'archidiacre Godefroy, avocat de l'Eglise de Tours durant les débats, il reçut, quelques années après, l'évêché de Tripoli outre-mer. C'était le frère de Flandrine, sainte dame dont on racontait des miracles (Pertz, M. G. H., *Scripl.*, XXIII, 1874, p. 892-893). — Les historiens donnent au dernier postulant archiépiscopal de Dol le nom

à Tours en 1201. Comme une bulle du 12 mai 1200 mentionne un interdit qui atteint la Bretagne entière, on a pensé que cette grave mesure indiquait une résistance de l'épiscopat breton. Il n'en est rien. Habitués à se défendre contre les canons les plus menaçants, le chapitre de Saint Samson, qui formait un corps puissant et conservateur des traditions, et le clergé dolois, convaincu des droits de son église, hésitèrent sans doute à se soumettre. Mais les autres évêchés, même Saint-Brieuc et Tréguier, les plus favorables à Dol, se détachaient depuis plusieurs années d'une lutte devenue impossible [1]. La bulle du 12 mai 1200 se rapporte simplement à

de Jean de la Mouche. Sur quel document s'appuient-ils ? Point ne le disent. Cependant je ne m'inscris pas en faux, parce que, dans une pièce de 1184, je rencontre comme témoin *Johanne de Musca*, chantre du chapitre (Morice, *Pr.*, I, 774). Ce chantre a pu devenir l'Elu archiépiscopal, c'est clair. — Maintenant, à s'en tenir aux documents originaux, conservés par Tours, publiés en 1717 par Martène, dans le tome III de son *Thesaurus novus anecdotorum*, et reproduits par Morice, l'évêque de Dol qui fut consacré dans la métropole tourangelle en 1201, s'appelait Jean; il était le même que l'élu qui avait plaidé en cour romaine; et l'élection de ce Jean avait été confirmée par le cardinal Jordan, au temps du pape Célestin (Morice, *Pr.*, I, 743, 794-5. Potthast, *Regest.*, n° 723). Il faut conclure de ces pièces : Jean (de la Mouche ?) *a*) fut élu entre 1191 et 1198, *b*) ne mourut pas de chagrin aussitôt après la sentence, suivant une fable répandue; *c*) ne devint pas évêque de Toscane, suivant les racontages du clergé médiéval. — Enfin, les documents authentiques ne signalant aucun décès épiscopal à Dol avant la fin de 1231 (et les Tourangeaux ont été particulièrement soucieux de conserver les actes de cette période de transition), il s'en suit que Jean de la Mouche aurait poursuivi sa carrière jusqu'à cette date. — Toutefois, d'après une confirmation de donation, citée par la *Gallia Christiana* (t. XIV, col. 1052), l'évêque de Dol s'appelait en 1220 Jean de Lisanet. Nous serions donc forcés d'admettre, en tenant compte des observations précédentes, que le dernier candidat archiépiscopal ne se nommait pas Jean de la Mouche mais Jean de Lisanet. Ce qui rend plus difficile la solution du problème, c'est le nombre de *Jean* qu'on peut placer sur le siège de Dol du XIIe au XIIIe siècle (De 1188 à 1231, on nous offre la série : Jean de Vaunoise, Jean de la Mouche, Jean de Lisanet).

(1) *Hist. de Dol*, p. 250-1. Baudry (mai 1107-janvier 1131), ce bon lettré et ce pieux archevêque, qui avait reçu le pallium d'une manière canonique, subit des défections : après avoir eu quatre suffragants (Saint-Pol-de-Léon et Saint-Malo, Saint-Brieuc et Tréguier), il en perdit deux (Morice, *Pr.*, I, col. 743). Saint-Brieuc fit preuve de fidélité. Car, en juillet 1150, circa, Eugène III déclarait à la métropole tourangelle qu'il n'entrerait pas en correspondance avec Dol, ni avec Saint-Brieuc, à cause de leur entêtement devant les excommunications promulguées et confirmées (Martène, *Vet.*

l'interdit général qui fut porté sur le royaume, à l'occasion du mariage adultère de Philippe-Auguste avec Agnès de Méranie; elle répond aux éclaircissements, et, selon toute probabilité, aux adoucissements que sollicitaient les évêques de Bretagne dans ces circonstances si difficiles[1]. Quoi qu'il en soit, la suppression de la métropole bretonne fut un succès pour la politique française de Philippe-Auguste, suzerain en fait de notre province[2], et marqua le triomphe, désormais infrangible, de l'Administration Romaine sur l'esprit celtique et le particularisme de notre péninsule.

Script. Ampli. collectio, t. I, col. 812). Néanmoins, dans l'enquête qui précéda la décision d'Innocent, Godefroy La Pie put affirmer qu'il avait connu trois évêques de Saint-Brieuc soumis à Dol et trois autres qui obéissaient à Tours (MORICE, *Pr.*, I, col. 742).

La métropole bretonne aurait succombé de bonne heure, sous le poids des condamnations canoniques, sans l'appui décidé que lui prêtait le pouvoir ducal de Bretagne. Ainsi, rien n'est plus caractéristique que le serment de fidélité à l'Eglise de Dol et à son Elu, prononcé, vers 1148, par les évêques de Saint-Brieuc et de Tréguier, dans la forme que leur dictait le comte Eudon (*et comes Eudo exponebat eis qualiter debebant jurare*, MORICE, Pr., I, 742; LA BORDERIE, *H. de B.*, III, 269 et sq.). Mais, pour la solennité des ordinations épiscopales, nos archevêques étaient obligés de faire appel à un évêque de Coutances ou à un évêque de Cahors (MORICE, *Pr.*, I, 742). Visiblement, la majorité des évêques de notre province ne voulaient plus se commettre dans le litige dolois. Toutefois, maître en Bretagne, Henri II d'Angleterre tenait à son archevêché, où il plaçait des Normands; et c'est au temps de la puissance brito-anglaise que l'Eglise de S. Samson fut décorée de la pourpre, dans la personne de son élu, Roland III, légat, dont Robert de Torigni a inscrit avec joie, sous l'année 1184, la nomination cardinalice (cf. *Hist. de Dol*, p. 8, 16, 258). — Le duc Geoffroi, fils de Henri II, décéda en 1186; le cardinal Roland en 1187 ou 1188; le roi d'Angleterre en 1189. Dix ans après, dans la déplorable situation politique de notre province, quelle opposition l'autorité laïque pouvait-elle faire à un pape comme Innocent III, qui prenait les mesures canoniques les plus rigoureuses, et qui invitait en outre Philippe-Auguste, lequel ne demandait pas mieux, à briser tout obstacle breton? (POTTHAST, *Regesta P. R.*, I, n°s 724 et 721, p. 69).

(1) Texte de la bulle publié par l'abbé CHAUFFIER, in *Bibl. de l'Ec. des Chartes*, 1872, p. 595 et sq. Analyse de la bulle, in POTTHAST, *Regesta P. R.*, II, 1875, p. 2043 (sous le 12 mai). Observations de M. Edward KREHBIEL, de l'Université de Chicago : *The interdict, its history and its operation*, p. 125 (Publ. by the American Historical Association. Washington, 1909). M. Chauffier et M. Krehbiel croient à une opposition en faveur de la métropole bretonne. Cette idée succombe devant l'examen des faits.

(2) LA BORDERIE, *H. de B.*, III, p. 203 et sq., 287-8.

TABLE

Imp. Oberthür, Rennes (3359-15).

www.ingramcontent.com/pod-product-compliance
Ingram Content Group UK Ltd.
Pitfield, Milton Keynes, MK11 3LW, UK
UKHW021511260726
13993UKWH00004B/1636

9 782019 957186